超譯卡內基

2

克服憂慮、開拓人生的178則箴言

戴爾・卡內基 原著
弓場隆 —— 編譯
江永奕 —— 中譯

關於戴爾・卡內基

戴爾・卡內基（Dale Carnegie）是美國知名的自我成長專家，一八八八年出生於密蘇里州一個農夫家庭。雖然他童年時期對於運動很不擅長，但口才極佳的天份讓他贏得了朋友的尊敬。在當時，會為了提供農村居民娛樂和知識，不定期舉辦文化講座，卡內基也經常參加這些活動。這對他產生了深遠的影響，使得他在高中時代成為辯論社的一員，學習辯論的技巧。

卡內基畢業後進入當地州立教育大學就讀。由於家境貧困無法支付宿舍費用，他每天清晨三點就起床餵豬並幫乳牛擠奶，幫忙農事後再徒步上學。他於上學途中不斷磨練演講技巧，最終在大學間的辯論比賽中以壓倒性的實力屢屢奪冠，並向聽聞他的名聲而來的學生傳授表達技巧，藉此貼補家用。

畢業後，卡內基任職於內布拉斯加州的一家函授教育公司，擔任銷售教材的訪銷人員，之後成為食品公司的銷售員，推銷培根、豬油等產品。他在食品公司的業績相當亮眼，所負責的區域時常拿下銷售冠軍。

接著，他動身前往紐約，以成為他夢寐以求的文化講座講師為目標，但因四處碰壁，只好轉投入演員養成學校進行學習。然而在巡演時實際站上舞臺嘗試後，卡內基意識到這並非適合他的職業，便放棄了成為演員的道路。

幾乎身無分文的他在回到紐約後，開始銷售貨車以維持生計，同時思索未來之路。某日，他想起自己在學生時代教授表達技巧的成功經驗，與自己住處ＹＭＣＡ的管理者交涉，讓他在晚間開設以商務人士為對象的表達教室，隨即大獲成功。每週獲得的報酬高達四百美元（當時相當於現在的一萬美元），同時需求激增，他因而創立戴爾・卡內基學院，專注於包含表達技巧在內的成人教育課程。

一九二二年，三十三歲的他改姓「卡內基」（Carnegie），以紀念當時有「鋼鐵大王」之稱、出身蘇格蘭的企業家安德魯・卡內基（Andrew Carnegie）。此一策略取得成效，使他得以在紐約以安德魯・卡內基命名的演講廳進行分享，並成為知名演講家。

一九三六年，四十七歲的卡內基出版了《人性的弱點》（How to Win Friends

and Influence People，又譯：卡內基溝通與人際關係）一書，全球累計發行量超過一千五百萬本，成為當時的暢銷書。一九四四年，卡內基五十五歲時推出了《人性的優點》（How to Stop Worrying and Start Living）一書，也同樣成為世界級的暢銷書籍。

個人私生活方面，一九三一年卡內基與第一任妻子離婚，後於一九四四年與桃樂絲・普萊斯（Dorothy Reeder Price）再婚。她最初是他的公司職員及課程學員，後來成為祕書、妻子以及商業夥伴。卡內基去世後，由桃樂絲領導在全球擁有超過一百個分部的「戴爾·卡內基學院」，培育了九百萬名優秀人才。值得一提的是，他們的女兒唐娜・戴爾・卡內基（Donna Dale Carnegie）亦是現任戴爾·卡內基協會的主席。

此外，年輕時的前美國總統詹森（Lyndon Baines Johnson，第三十六任美國總統）和華倫・巴菲特（Warren Edward Buffett，波克夏·海瑟威董事長）也曾是卡內基的學員。提到巴菲特，他不但是世界級的投資家，還以充滿洞察力的演說聞名。他曾在訪問中提及「自己原本不善言談，能與摯愛的妻子結縭，都拜卡內基所傳授的表達技巧之賜」。

卡內基曾經三度訪日。第一次是在一九三九年七月，當時是受到日本觀光聯盟（現為日本觀光振興協會）與國鐵（現為ＪＲ）的邀請，目的是促進日美之間的文化交流。他搭乘蒸汽船抵達橫濱港後，與外務省代表會面，並在東京的美國俱樂部以人際關係為主題發表演說，之後遊覽了熱海、岐阜、奈良、京都、伊勢、鳥羽、廣島、下關等地，度過了一週的時間。他特別印象深刻的是伊勢神宮和御木本珍珠島。

第二次訪日是在一九三九年九月，停留四天，期間參觀了鎌倉的大佛等地。第三次訪日是在一九五三年七月，他在與日本朋友一同遊覽京都的同時，也重溫了舊日的情誼。

卡內基於一九五五年在家休養時去世，享年六十六歲。他的智慧透過《人性的弱點》和《人性的優點》等不朽作品，至今仍給全球無數人帶來啟示與感動。

編譯者

序文

三十五年前，我是紐約最不快樂的年輕人之一。當時我以銷售卡車為生，但對這份工作極度厭惡。住在狹小、充滿蟑螂的公寓裡，這讓我壓力倍增。我經常去附近價格便宜的餐館，但那裡環境骯髒，根本無法享受用餐的樂趣。

每晚工作結束後回到那孤單的房間，我總是感到頭痛不已。大學時期描繪的夢想已經變成了噩夢。這就是人生嗎？這是我期待已久的那場令人激動的冒險嗎？我從事著討厭的工作，住在破舊的廉價公寓裡，吃著索然無味的餐點，對未來完全無法懷抱期待。

我確信，即使辭去這份厭惡的工作，我也不會有任何損失，反而只會獲得好處。賺大錢從來不是我的興趣，享受人生才是。我正處於人生的起點，和大多數年輕人一樣面臨著關鍵時刻。於是，我做了一個徹底改變未來的決定。爾後，在接下來的三十五年裡，我過著充實而快樂的生活。

我在當地的州立教育大學接受了四年如何教學的訓練，因此我決定靠夜間成人教育的教職來謀生。這樣一來，我就能在白天繼續閱讀和寫作。我一直渴望過著為寫作而生、為生活而寫作的日子。

然而，夜間要教成人們什麼呢？回顧大學學習的內容，我認為教他們表達技巧是最適合的。因為透過這樣的學習，我自己克服了恐懼和不安，並獲得了大方與人交流的勇氣。我也意識到，能夠在眾人面前侃侃而談，是成為領導者的必要條件。

於是，我申請在哥倫比亞大學和紐約大學的夜間課程中教授表達技巧，但兩所大學似乎都認為無需我這樣的幫助。

儘管當時對這個結果感到失望，但我現在對當時的拒絕表示感激，因為後續我成為YMCA晚間課程的講師。在那裡，我必須教授具有實用性的知識，而非純學術性的內容。這是個極大的挑戰。來參加演講課程的成人並不追求學分或畢業證書，而是希望學會在會議或接待場合中流利地表達。他們希望得到晉升，為家庭賺取更多收入。且當時我的合約並不是領取固定的講師費，收入多少全看業績。

一開始，我覺得在這樣的條件下教學非常不利，但後來我發現這成為了激勵學員的絕佳訓練。課程是單次報名的，因此我必須確保每堂課吸引人，讓學員願意一再回來。

這是一份令人激動的工作，我非常喜愛。看到學員迅速增長自信並取得升職加薪的成果，讓我驚嘆不已。表達課程獲得了超乎我想像的巨大成功。

後來，我意識到除了表達技巧，還有必要教授人際關係的技巧。於是我大量閱讀各類書籍和資料，並根據實踐成果撰寫了《人性的弱點》。

數年後，我發現學員們面臨的另一個重大問題是如何應對煩惱。成人教育的學員們來自不同的職業，其中大多數人都有各自的問題。學員中也有許多女性，她們既有從事職業的，也有全職主婦，她們也有煩惱。因此，我決定寫一本關於如何應對煩惱的書。

然而，在圖書館裡卻很難找到這類書籍。煩惱是人類面臨的最大問題之一，但奇怪的是，從未有任何一個人曾在高中或大學的課程中學習如何應對煩惱。結果，全國各地的醫院病房中，超過一半的床位被身心備受煩惱折磨的人佔據著。

我花費多年來撰寫這本書。為了了解古今中外的偉人如何看待煩惱，我閱讀了大量的哲學書籍、思想書籍和心理學書籍。我還與活躍於政界、商界和體育界的名人交流，不僅在夜間的成人教育課程中聽取了許多學員的故事，也收到許多有趣的來信。

透過這些經歷，我自豪地認為，我比世界上任何人都更了解如何幫助人們克服煩惱。因此，本書不是一本學術著作，而是一部非常實用的書。

法國評論家瓦勒里（Paul Valéry）曾說過：「科學即是成功方法的集大成。」如果是這樣，那麼本書便是克服煩惱的成功方法的集大成。

在此聲明，本書並非介紹全新的觀點，而是列出許多人未曾真正實行的觀念。事實上，我們並不需要學習什麼新事物，因為每個人都已經知道過好生活的方法。

我們的挑戰並非不知道方法，而是未能實行這些方法。本書的目的是將古老的基本真理重新整理，具體解釋，並促使讀者行動。

那麼，讓我們開始吧。

3 樂於為他人服務

5 不因批評而屈服

1

以逆境為養分，開拓道路

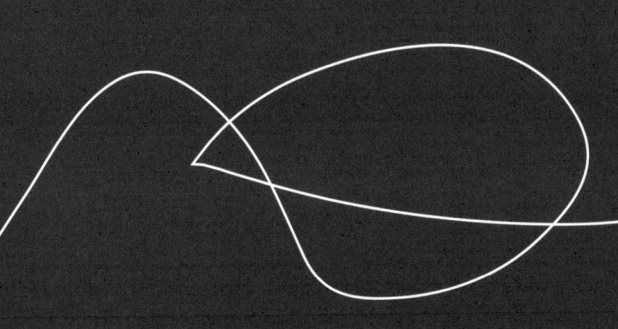

001

逆境能成就幸福與品性

北歐有一句諺語說：「北風造就了維京人。」意思是，在寒冷刺骨的環境中，冷冽的北風鍾鍊出勇敢的人。在逆境中掙扎時，這句話是極大的鼓勵。

「為了獲得幸福，就必須過上安逸生活」這樣的想法，我們究竟是從哪裡學來的呢？那些憐憫自己的人，即使坐在沙發上過著安逸的生活，也仍會感到自憐。

回顧歷史，不論處於何種境遇，只要盡好自己的責任並努力生活，幸福終將降臨，並孕育出高尚的人格。

002

在現狀中尋找希望

這裡介紹一位年輕女性的有趣親身經歷。

「丈夫被派駐到美國西部沙漠附近的一處軍事基地，我也跟隨前往。然而，由於丈夫經常因訓練不在家，當地人又聽不懂英語，我沒有可以交談的對象；再加上酷熱難耐，食物也不合胃口。我寫信回家說：『我已經忍無可忍，想回家了。』結果父親寄來了一封簡短的回信：

兩位囚犯從牢房的鐵欄望向窗外——一人看見泥濘的地面，另一人則望見明亮閃爍的星星。

讀完這段話後，我深感反省，決定試著在自己的處境中尋找正面的事物。當我以友善的態度對待當地人時，他們也以友善回應。研究仙人掌變得非常有趣，而沙漠中的夕陽之美更是令我感動。最大的收穫，是我從心中的牢籠中掙脫出來，看見了那明亮閃爍的星星。」

003 不懈的努力能開闢道路

來自匈牙利的偉大劇作家費倫茨．莫納爾（Ferenc Molnár）這樣回顧他年輕時的挫折：

「我一直把父親在半世紀前對我說的話，當作座右銘。那時我剛開始在大學攻讀法律，卻在考試中落榜，羞愧得覺得自己無顏活下去。為了逃避現實，我決定尋求失敗的老朋友——酒精——的安慰。

某天，父親突然來到我的宿舍。他是位經驗豐富的醫師，一眼就看出我沈溺於酒精，當場給了我一個解方。他說：『依賴酒精或安眠藥根本沒有用。對付任何挫折，世上只有一種真正有效的藥。那就是這個世界上最有療效的靈藥——努力。』

確實，努力或許很困難，但它遲早會帶來成功。而且，它還有如同麻藥般的作用，因為它非常容易讓人上癮。一旦養成了努力的習慣，就再也無法停止。事實上，這五十年來，我從未停止過努力。」

004 弱點會以意想不到的方式成為助力

越是深入研究成功人士的經歷，我越堅信，正是因為他們透過努力克服了種種障礙，才能成就偉業。在這一點上，心理學家威廉・詹姆斯（William James）曾表示：「弱點會以意想不到的方式成為助力。」

確實如此，歷史上留名的偉人們，大概也都是這樣的。

例如，密爾頓（John Milton）之所以能寫出優秀的詩篇，或許正是因為他的視力障礙。

貝多芬之所以能創作出名曲，也許正是因為他聽力障礙。

海倫・凱勒能夠作為社會運動家活躍，或許是因為她背負了三重障礙（失明、失聰、失語）。

如果柴可夫斯基沒有經歷悲慘的婚姻生活，可能無法創作出《悲愴》這樣的名曲。

如果托爾斯泰與杜斯妥也夫斯基沒有經歷種種不幸，他們或許也無法寫出不朽的名作。

005 將逆境化為助力的人們

某位人士曾說過：「若不是我體弱多病，恐怕無法成就任何功績。」這個人就是提出進化論的科學家查爾斯・達爾文。他以自身經歷，證明了「弱點會以意想不到的方式成為助力」這個法則。

達爾文出生於英國的同一天，一位嬰兒誕生於美國肯塔基州的一間木屋裡，那就是亞伯拉罕・林肯。他同樣證明了「弱點會以意想不到的方式成為助力」。

事實上，林肯身上有許多弱點。如果他出生於富裕家庭，畢業於哈佛大學法學院，並擁有幸福的家庭生活，那麼他或許不會在蓋茨堡演說中打動民眾，也不會在就職演說中說出「對任何人都不懷惡意，對所有人都懷著慈悲之心」這樣堪稱治理者典範的話語。

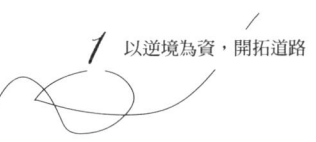

006

在有限的條件下盡力而為

奧雷・布魯（Ole Bull）是一位偉大的挪威小提琴演奏家。有次在巴黎舉辦音樂會時，他發生了一個意外：演奏到一半時，一根小提琴弦突然斷了。然而，他絲毫不為之驚慌，而是巧妙地利用剩下的三根弦進行精彩的演奏，深深吸引了全場的聽眾。

人生中總是有一些東西是我們缺乏的。但抱怨這些不足無濟於事。關鍵在於積極運用自己擁有的資源，並開拓前進的道路。

這就是人生。

在人生的征途中取得勝利，正是如此實現。

007

將辛酸的經驗加以活用

當有人詢問芝加哥大學校長羅伯特・梅納德・哈欽斯（Robert Maynard Hutchins）關於克服擔憂的祕訣時，他回答：「遵循這句教誨：如果有人丟檸檬給你，那就拿來做成檸檬水。」意思是，不管遇到多辛苦的事，都要絞盡腦汁，想辦法加以利用。

這就是這位偉大教育家的處世哲學。

然而，愚蠢的人卻會做出完全相反的行為。只要一遇到一點痛苦，立刻就心灰意冷、喪失鬥志，絕望地說「啊，我已經不行了」，然後抱怨社會不公、自己命運不濟。

反過來，聰明人即使遇到困境，也會保持積極的態度，問自己：「我應該從這場不幸中學到什麼教訓？」並思考如何突破現狀，將困境轉化為成功的契機。

008 勇於挑戰

即使身處絕望的深淵，感覺連把檸檬變成檸檬水的希望都不存在時，我們仍應勇敢挑戰，理由有兩個：

第一個理由是，這樣可能會成功。

第二個理由是，即使最終沒有成功，光是嘗試將負面轉化為正面，就能讓人保持積極的態度。當你將消極的想法轉換為正向思維，發揮創造性的能量去面對事情時，就沒時間再為過去的事煩惱了。

009

將危機化為轉機

哈里・愛默生・福斯迪克（Harry Emerson Fosdick）哈利・佛斯迪克牧師曾說：「幸福，就是克服困難後沉浸在勝利的喜悅之中。」

我曾拜訪過一位住在佛羅里達、成功克服困境的男子。一開始，他所購入的農場一片荒蕪，無法種植任何作物，讓他深感失望。雜草叢生，響尾蛇四處滋生——但他想到了一個劃時代的點子。出人意料地，他決定把響尾蛇的肉製成罐頭來販售。

後來，每年大約有兩萬名觀光客前來參觀這座響尾蛇農場。蛇的毒液被送往研究所製藥，蛇皮則被用來製作女性用的鞋子和手提包，蛇肉則製成罐頭，販售到世界各地。

這位發揮智慧、克服困難的男子贏得了眾人敬意，當地甚至將地名改為「響尾蛇村」以表紀念。

010

每個人都擁有將負面轉化為正面的力量

奧地利偉大的精神分析學家阿爾弗雷德・阿德勒（Alfred Adler），以研究人類內在潛力而聞名。

他在多年研究之後，斷言：「人類最驚人的特質之一，就是擁有將負面轉化為正面力量的能力。」

011 善用自己的弱點

傳記作家威廉・伯里斯曾經這樣說：

「人生中最重要的，並不是發揮自己的長處，那種事誰都做得到。真正重要的是，能善用自己的弱點。這需要智慧。能否做到這一點，就是聰明人與愚蠢人的分水嶺。」

伯里斯說出這番話，是在他因一場火車事故失去一條腿之後。

如果可以的話，我真希望能把這句名言寫在紙上裱起來，掛在全國所有學校裡展示。

012 克服因意外導致障礙的人們

數年前，在喬治亞州的一部電梯裡，我遇見了一位態度樂觀的男士。他沒有雙腳，坐在輪椅上。聽了他的故事後得知，他在二十四歲時因交通事故失去了雙腿。

起初，他也曾感到哀怨，但後來他克服了悲傷，專心於閱讀書籍。在十四年時間裡，他讀過的書至少有一千四百本以上。雖然在二十四歲時無法再行走，但他認為這反而讓他的生命更加豐富。

他笑著說道：

「由於開始與書為伍，我的思考能力得到了很大的提升。價值觀也有了根本性的改變，我對以前完全不關心的政治產生了興趣，並認識了一些政界的人士，還獲得了為他們撰寫演講稿的機會。」

現在，他正以喬治亞州州務卿的身分活躍中。

013

即使無法上學也能自學成材的人們

我從事成人教育將近三十年，發現有許多人對自己沒上過大學感到後悔。他們認為缺乏學歷是一種劣勢，然而，連高中都沒上過的成功人士其實比比皆是。

舉例來說，有位成功人士在極度貧困的環境中長大，甚至連小學都沒畢業。父親早逝後，母親在工廠工作，下班回家後還做到深夜進行手工活補貼家用。

他因為學過公眾表達技巧而進入政界，但對政治一無所知，於是每天苦讀十六個小時。

這位人物就是阿爾・史密斯（Al Smith）。他靠著十年的自學，獲得與政治學者相當的知識，並連任四屆紐約州州長。儘管連小學都沒畢業，卻獲得哈佛大學與哥倫比亞大學頒授的名譽博士學位。

他曾說：「如果我沒有連續十年、每天花十六小時苦讀，把劣勢轉為優勢，人生絕不可能有這樣的發展。」

014 面對眼前的挑戰

一八七一年春天，一位年輕人手捧書籍，讀到了一句對他未來產生重大影響的話。當時，他是正在加拿大蒙特婁綜合醫院實習的醫學生，正為是否能通過最終考試、以及未來該何去何從而煩惱不已。

這位年輕的醫學生因為在一八七一年讀到的這句話而深受啟發，之後多年孜孜不倦地鑽研，最終擔任英國醫學界最高榮譽之一——牛津大學醫學部欽定教授，並因卓越貢獻獲得英國國王授予的爵士頭銜。

他的名字是威廉・奧斯勒（William Osler）。現在就來介紹他在一八七一年讀到的那句話。這句話出自英國評論家湯瑪斯・卡萊爾（Thomas Carlyle），是讓奧斯勒從煩惱中得到解脫的重要指引：

「我們最重要的目標，不是凝視那些模糊遙遠的事物，而是著手解決眼前明確的課題。」

015

心態比經濟狀態更重要

如果無論如何都無法改善經濟狀況，那就試著改善自己對此的心態吧。想想其他人也同樣在為自己的經濟狀況擔憂。我們總是擔心自己落後於他人，但那些人也在擔心自己落後於更有錢的人。而富人也會擔心自己比不上大富翁。換句話說，不論多有錢，人總是會擔心自己落後於比自己更有錢的人。

即使沒錢、無法擁有想要的東西，也沒必要因此感到憂慮或煩惱。如果真的對「沒錢」感到焦慮，那就把羅馬哲學家塞內卡的話牢記在心吧：

「只要覺得自己擁有的不夠多，就算擁有整個世界，心也無法得到滿足。」

016

沒有錢也能成就偉業的人們

或許現在的你正為金錢所困，心中充滿經濟上的不安全感。但即使如此，歷史上仍有許多人克服這些困難，成就了偉大的事業。

事實上，有趣的是，美國歷史上最著名的一些人物當中，也有人曾陷入經濟困境。例如，喬治・華盛頓和亞伯拉罕・林肯就曾為了出席總統就職典禮而借錢籌措旅費。

2

全心投入工作，忘卻煩惱

017 為今日的工作全力以赴

曾任教於牛津大學等四所大學的威廉・奧斯勒（Sir William Osler）醫師，在對耶魯大學學生的演講中表示：「人們常以為我擁有特殊的才能，但我的朋友們卻說我有個『極其平凡的頭腦』。」

那麼，他成功的祕訣究竟是什麼呢？

在耶魯的演講幾個月前，奧斯勒教授曾搭乘豪華郵輪橫渡大西洋。他以那次的經歷為例，對學生們說：

「各位比任何豪華客輪都要卓越，現在即將啟程，展開一段漫長的人生航程。不要煩惱昨天的事情，也不要為明天的事憂心。如果那樣做的話，就算是最堅強的人也會被壓垮。不要將寶貴的能量浪費在昨天或明天，盡全力去活在今天就好。

不過，這並不是說你就不需要為明天做準備。投入今天的工作，就是準備明天的唯一方式。」

018

珍惜每一天的每一個小時

關於人性的悲劇在於，人們往往有拖延生命的傾向。人們不會欣賞窗外正盛開的玫瑰，而是夢想著地平線彼端的玫瑰園。

為什麼我們會這麼愚蠢呢？為什麼會愚蠢到如此令人心痛的地步呢？

小孩子會說：「等我長大之後。」青少年會說：「等我成為大人之後。」大人會說：「等我結婚之後。」已婚者則說：「等我退休之後。」而當他們真的退休時，才發現只能回顧過去，意識到一切早已逝去。

人生，本應珍惜度過的每一天、每一個小時。然而不幸的是，我們往往太晚才學會這個道理。

019 處理煩惱的方法

如果你想知道應對煩惱的速效方法，不妨參考空調之父威利斯 開利（Willis Carrier）所提出的方法。他是這麼說的：

「我年輕時曾在工作上犯過大錯，一段時間內因為擔憂而無法入睡。後來，我想出了一個突破性的解決方法，並持續實踐了三十年以上。這個方法非常簡單，任何人都能做到，它由以下三個步驟組成：

步驟一：思考可能發生的最壞情況是什麼

步驟二：在心中做好接受最壞情況的準備

步驟三：實際行動，改善最壞情況

無論遭遇多麼重大的失敗，只要先設想可能發生的最壞情況，並在心中做好接受它的準備，然後再思考並實踐改善那個最壞情況的方法，就能立刻讓自己冷靜下來，恢復平靜。」

020

接受最壞的情況

出生於中國、現居紐約的文學家林語堂曾說過：「一個人心中有了那種接受最壞遭遇的準備，才能獲得真正的平靜。」

這句話一點也沒錯。如果能夠接受最壞的情況，那麼就再也沒有什麼可怕的事了。換句話說，這樣做只會帶來收穫。

這樣的說法合情合理，不是嗎？然而，許多人一旦失敗就會立刻慌亂，甚至因此毀了自己的人生。其根本原因在於他們無法接受最壞的情況，因此也無法付諸行動去改善現狀。他們不是為了重新振作而努力，而是深陷在對過去經歷的煩惱中，最終陷入抑鬱狀態。

021

迅速做決定並付諸行動

根據成功的企業家蓋倫・里奇菲爾德（Galen Daniel Litchfield）所說，他靠著以下四個步驟，克服了九成的煩惱：

- 步驟一：準確地寫下自己正在煩惱的事情
- 步驟二：寫下針對這件事自己能做的事情
- 步驟三：決定自己應該採取的行動
- 步驟四：根據這項決定立刻採取行動

為什麼這個方法如此有效呢？

因為它不但有效率、具體明確，還能直擊問題的核心。

總之，最重要的是採取行動。如果沒有行動，不管怎麼分析都毫無意義，那只是在白白浪費精力。

022 不要想太多

心理學家威・詹姆斯（William James）曾說：「一旦做出決定，就立刻付諸實行。沒有必要對結果感到不安。」

不要陷入優柔寡斷、拖拖拉拉的狀態。一旦產生懷疑，只會接連引發更多的懷疑。

成功的企業家威爾特・菲利普斯（Weight Phillips）也強調了迅速將決定付諸行動的重要性：

「對於手頭上的問題思考過多可能會使人變得心緒不安。當然思考是必要的，但如果思考過度反而會有害。在一定時間的思考後，應該做出決定並迅速採取行動。不要回頭猶豫不決。」

023

養成整理整頓的習慣

桌面上堆滿了各種專案文件的人，如果能夠只保留重要專案並將桌面清理乾淨，工作效率會比之前高得多。這是高效工作的第一步。

整理整頓是商業活動的基本原則。然而，現實中許多商業人士的辦公桌，經常堆滿了數週未處理的文件。光是看到那樣的桌面，就足以讓人壓力倍增、心情低落。時時刻刻被未處理的案件提醒著，不僅精神疲憊，還可能導致血壓上升、心臟不適，甚至引發胃潰瘍。

賓夕法尼亞大學醫學院的約翰・史托克斯（John Stokes）教授曾在美國醫師協會年會上指出：「讓人感到壓力沉重的最大原因之一，就是待辦事項過多所帶來的心理負擔，這甚至可能導致精神疾病。」

024

乾脆俐落地處理工作

精神醫學權威威廉・桑德勒（William Samuel Sadler）醫師，曾分享一位僅僅因為把辦公桌整理乾淨就治癒精神官能症的病患案例。那名病患是芝加哥某大企業的高層，因精神狀況惡化而尋求醫療協助。

桑德勒醫師這麼說：

「那位男士正與我交談時，電話響了。是醫院打來的。我沒有拖延，稍微思考後立刻做出決定並結束通話。接著下一通重要來電又進來，我也立即處理。此時，一位同事前來商討一位重症患者的情況，我也當場給出了建議。

當我準備向那位男士道歉讓他久等時，他臉上竟露出了明朗的表情，並說：

『您不必道歉，這短短的十分鐘裡，我已經明白了自己問題的核心。我馬上要改變我的工作習慣。』」

那位男士看到醫師辦公桌上沒有未處理的文件、一切整齊有序，深受感動，決定採取「立即處理工作」的原則。而這個轉變幫助他擺脫了精神官能症，恢復了良好的精神狀態，他也因此感到非常開心。

025 人是因心勞而死，而非過勞

美國最高法院前首席大法官查爾斯・埃文斯・休斯（Charles Evans Hughes）曾說：「人不是因為過勞而死，而是因為心勞所導致的死亡。」

換句話說，人們並不是因為工作太多而死，而是因為心中不斷背負著「還有工作尚未完成」的壓力，長期累積的壓力耗盡了身心的能量，最終導致死亡。

026

根據優先順序行動

查爾斯‧盧克曼（Charles Luckman）從一文不名的狀態出發，十二年後便晉升為大企業的總裁，並成為億萬富翁。他成功的祕訣在於：深思熟慮後設定優先順序，並依照這個順序行動。

他這麼說：

「我多年來養成了每天早上五點起床的習慣。對我而言，清晨是一天中思緒最清晰的時段，因此最適合依照優先順序來擬定計劃。」

全美最成功的保險業務員之一弗蘭克‧貝特格（Frank Bettger），則不等到早晨才制定一天的計劃。他會在前一晚就訂好隔天的行程。他會設定每天的成交目標，若當天未完成，則自動延至隔日繼續努力。

根據我多年來的經驗，我雖無法始終如一地完全依照優先順序行動，但我可以肯定，比起隨性行動，設立優先順序會帶來更好的結果。

027

對事實掌握到一定程度，就迅速做決定

H・P・霍爾在擔任全美最大的鋼鐵製造商美國鋼鐵公司（United States Steel Corporation）的董事時，發現董事會會議中很少做出決議，每位董事通常需要將討論的議題帶回家繼續研究。因此，他勸說其他董事們，在每次會議中對每個議題迅速做出決定。結果，無論是「收集更多地事實」這樣的決定，還是任何其他決定，只要做出了某種決定，就不可再拖延到下次會議。

這個規則導致董事們帶回家的報告書大為減少，從而減少了因積壓未完成議題帶來的心理壓力和焦慮。這是一條對美國鋼鐵公司董事們有益且重要的規則，同時也適合任何其他情境。

028

將任務交付給他人

許多商業人士無法將任務交給他人處理，總想自己包辦一切，結果因過度心力交瘁而早逝。若一個人連瑣事都要親自處理，精神終將疲憊不堪。人類在長期承受過度的不安與憂慮時，身心健康往往會受到嚴重損害。

將任務交付他人確實不容易，這點我自己也有切身體會。我也深知，若交錯了人，可能會帶來非常嚴重的後果。然而，無論把事情交給他人有多困難，身為領導者，為了不讓自己身心俱疲，還是必須學會放手。

即使能將公司做大，若無法學會授權與管理，那麼多半到了五十歲或六十歲時，就會面臨心臟方面的問題，例如由心理壓力引發的心臟病。

如果你想知道具體例子，只需翻翻當地報紙的訃聞欄就知道了。

029 透過午睡恢復精力

企業家約翰・洛克斐勒（John Rockefeller）締造了兩項紀錄：一是從貧困中奮起，成為世界級的億萬富翁；二是健康長壽，活到將近九十八歲。他能如此長壽，除了拜基因所賜，還有一個重要原因：他每天都在辦公室小睡三十分鐘。他躺在辦公室的沙發上休息時，不管再重要的人物打電話來，他都不會接聽。

該領域的權威人物，丹尼爾・喬瑟林博士（Dr. Daniel Jocelyn）指出：「休息並不是什麼都不做，而是讓身體從疲勞中恢復。」他強調，即使是短短五分鐘的午睡，也對疲勞恢復有顯著效果，因此絕不可小看「區區的小憩」。

美國職棒傳奇名將康尼・梅克（Connie Mack）則表示，如果比賽前不午睡，他撐不過五局；但只要午睡五分鐘，即使是雙重賽也能精神飽滿地指揮全場。

發明家愛迪生更是養成了「想睡就睡」的習慣，正是這樣的作息讓他維持了強健的體力。

030 邱吉爾成功的祕訣

在第二次世界大戰期間，邱吉爾已是六十多歲至七十歲初頭的年齡，但他仍擔任英國首相長達五年，每天工作達十六小時，親自坐鎮指揮。這是一項驚人的紀錄，那麼他的祕訣是什麼呢？

他每天早上會躺在床上直到十一點，期間閱讀報告、發出指令、打電話、召開重要會議。午餐後，他會再次躺在床上睡約一小時。到了傍晚，他又會回到床上，再睡兩個小時，晚上八點才吃晚餐。

他之所以不需要「恢復」疲勞，是因為他從一開始就防止了疲勞的累積。由於他經常安排休息時間，即便是深夜，他依然能精力充沛地工作。

031 經常休息

為什麼在介紹預防焦慮的方法的書中，會提到預防疲勞的方法呢？

答案非常簡單明瞭：因為疲勞可能會引發焦慮。至少，它很容易成為導致焦慮的原因之一。

對於疲勞會降低人體對感冒或其他各種疾病的免疫力，任何一位醫學生都知道。而疲勞會削弱人們對焦慮與恐懼等負面情緒的抵抗力，這點也是所有精神科醫師的常識。因此，預防疲勞就是預防焦慮的有效途徑。

芝加哥大學臨床生理學研究所所長埃德蒙・雅各布森（Dr. Edmund Jacobson）長年致力於將放鬆技術應用於臨床醫學，並得出結論：人在放鬆的狀態下，不會感到焦慮或恐懼等負面情緒。

因此，預防疲勞與焦慮的第一守則，就是要頻繁地休息並讓自己放鬆。若能在感覺疲勞之前就主動休息，效果會更好。

032

克服焦慮的方法

美國職棒傳奇名教練康尼・梅克（Connie Mack）曾說：「以前只要連續輸球，我就會焦慮得睡不著。如果我當時沒有學會停止焦慮，早就死了。」他也分享了自己克服焦慮的方法：

❶ 了解光是焦慮對事情一點幫助也沒有。

❷ 明白焦慮對健康有害。

❸ 將注意力集中在制定贏球的計劃上，這樣就沒有時間為輸掉的比賽煩惱。

❹ 即使輸球，也要等到隔天才指出選手的錯誤。因為等到隔天，自己就能冷靜地與選手溝通。如果在其他選手面前責備某位選手，對方可能會心生不滿、不再願意合作。

❺ 不找選手的毛病，而是多鼓勵、多稱讚他們，提升士氣。

❻ 疲勞會讓人更容易焦慮，所以每天晚上要睡十小時，下午也要午睡。

❼我現在已經八十多歲，依然努力工作、保持忙碌，這樣就不會胡思亂想、產生焦慮。

033

讓時間解決問題

希望教會的約翰・米勒牧師（John Miller）這麼說：

「幾年前，我發現只要改變自己的心態，就能消除煩惱。因為我意識到，煩惱並不是來自外在，而是存在於內心。」

後來我逐漸明白，大多數煩惱，其實都會隨著時間自動解決。事實上，我常常連一週前自己在擔心什麼都想不起來。因此，我決定：在問題發生後，至少一週之內不為此煩惱。當然，我不可能完全忘記它，但至少會避免讓它主導我的思緒。

結果，有九成的情況在一週內就自然解決了，或者我自己改變了看待事情的態度，變得不再那麼煩惱了。

034

全力以赴於今日的工作

被譽為「現代醫學之父」的威廉・奧斯勒（William Osler）不僅是一位偉大的醫師，也是一位擅長生活智慧的大師。

他曾在一場為表彰他成就而舉辦的晚宴演說中說道：

「如果我算是成功了，那麼最關鍵的原因，就是每天專注於當天的工作，全力以赴，然後把結果交給命運。」

換句話說，把全部熱情投入到當天的工作中，具有驅散煩憂的力量。

035

找到自己能樂在其中的工作

哈利・佛斯迪克牧師（Harry Fosdick）曾說：「選擇工作時，每個人都是賭徒。因為你必須把人生賭在那份工作上。」

那麼，要如何降低這場人生賭局中失敗的機率呢？

首先，努力找到自己能夠享受其中的工作。企業家大衛・古瑞區（David Goodrich）說得很有道理：

「在工作上成功的首要條件，就是在工作中獲得樂趣。如果你熱愛自己的工作，那麼即使工作時間很長也不會感到辛苦，反而會覺得像是在玩樂一般。」

發明家愛迪生就是這種典型人物。他在研究所裡吃飯、睡覺、工作，每天工作十八小時，但對他來說那並不算勞動。他曾說：

「我這一生從沒真正工作過一天。對我而言，那更像是一種嗜好而不是工作。」

他能夠成功，也就一點也不令人意外了。

036

找到適合自己的職業

企業家查爾斯・施瓦布（Charles Schwab）曾說：「只要全心投入，無論從事什麼工作都能成功。」

然而，如果自己還不知道想做什麼樣的工作，那要怎麼樣才能燃起對工作的熱情呢？

曾擔任杜邦公司人事主管、負責面試數千人的愛德娜・卡爾（Edna Carr）表示：

「我認為最悲哀的事情之一，就是太多年輕人找不到真正想做的事。把工作只當作領薪水的手段的人，是最可憐的存在。」

太多優秀的年輕人懷抱美麗夢想步入社會，卻在中年時感到深深的不滿，有些人甚至因此患上精神疾病，這並不奇怪。

事實上，找到適合自己的職業對健康來說也是至關重要的。約翰霍普金斯大學醫院的雷蒙德・帕爾醫師（Dr. Raymond Pearl）曾指出，長壽的一大關鍵因素，就是擁有一份適合自己的工作。英國評論家湯瑪斯・卡萊爾（Thomas Carlyle）曾說：「找到自己天職的人是幸福的。」帕爾醫師對此一定深表認同。

「找到自己天職的人是幸福的。」這句話正是英國批評家湯瑪斯・卡里爾（Thomas Carlyle）所說的話，帕爾醫師肯定會贊同。

037 繼續做討厭的工作，會帶來精神負擔

在一本談論如何克服煩惱的書中提到職業選擇，或許你會覺得有些奇怪。但事實上，如果選擇了自己不喜歡的工作作為職業，所帶來的煩惱、後悔與不滿可能非常巨大，因此這一點一點也不奇怪。你不妨問問自己的父親、鄰居，甚至是上司，他們的看法是什麼。

英國著名經濟學家約翰・史都華・彌爾（John Stuart Mill）曾明言：「就業的匹配錯誤是社會上最嚴重的損失之一。」

確實，這個世界上最不幸的一群人當中，有很多都是因為做著與自己不相符的工作，每天都帶著厭惡的心情過日子。

偉大的精神科醫師威廉・梅寧格（William Menninger）也這麼說：

「如果一個人從事自己沒有興趣的工作、覺得自己處在錯誤的環境中、感受不到被肯定，或覺得無法發揮自己的才能，那麼他遲早會罹患精神疾病。」

038 克服父親反對，選擇天職的年輕人

菲爾・強生（Phil Johnson）的父親經營一家洗衣店，希望兒子能繼承家業，成為一位出色的專業人士。然而，菲爾討厭洗衣店的工作，因此無法投入熱情，也常常缺勤。父親對兒子的不上心感到極度失望，甚至為此在其他員工面前感到羞愧。

有一天，菲爾對父親說：「我想當維修技師，想去機械工廠工作。」父親驚訝地問：「你想當作業員嗎？」然而，菲爾在工廠工作時，卻比在洗衣店時認真許多。他不怕長時間工作，也非常享受其中，並熱心鑽研引擎相關知識。最終，他設計出高性能飛機，甚至一路晉升成為波音公司的總裁。

如果菲爾當初繼續從事他討厭的洗衣工作，會發生什麼事呢？以我的推測，在父親過世之後，他大概會讓家業走向破產。

039 選擇職業時自己做決定

我想對年輕人說：即使遭到家人的反對，也不應該「僅僅因為是家人的要求」就選擇某個職業。

當然，父母的建議還是應該認真聆聽。畢竟他們比你多活了將近兩倍的人生，擁有豐富經驗所帶來的智慧。但最終的決定必須由你自己來做。因為從事那份工作後，無論你是感到幸福還是不幸，承擔結果的都是你自己。

040

最瞭解自己的人就是自己

職涯顧問的角色只是提出建議，最終的決定還是要由你自己來做。事實上，即使是職涯顧問之間，也常常會給出互相矛盾的建議。

職涯顧問也常常會犯錯。事實上，有時候他們甚至會犯下相當愚蠢的錯誤。例如：僅僅因為一個人詞彙量豐富，就建議他去當作家——這就是一個很荒唐的例子。成為作家可不是這麼簡單就能下定論的事情。

即使詞彙不多，也能寫出清晰易懂的文章。要成為一名作家，更重要的是創意、經驗、感動與信念。詞彙豐富的人或許適合當速記員，但這並不等於就適合成為作家。

041 選擇職業前與相關人士交流

選擇職業時，不妨向從事該職業的人士提出問題。例如，如果你想成為建築家，就應該去問一位建築家。你可以為這場三十分的會面附上謝禮。可以提出如以下問題：

❶如果人生能夠重來，你還是會選擇成為建築家嗎？
❷考慮到我的情況，您認為我可以成為一個成功的建築家嗎？
❸即使我花四年時間學習建築，我成為建築家是不是仍然困難重重？
❹假設我具備平均的才能，在最初五年內能夠賺到大約多少錢呢？
❺如果我是您的兒子，您會建議他成為建築家嗎？

如果單獨去訪問有困難，可以和同齡的年輕人一起去。這樣可以增加安心感。

如果找不到這樣的年輕人，就與父親一起去。

對方可能會高興地接受你的訪問。記住，成年人喜歡為年輕人提供建議。十位建築家中總會有一個願意回應你。你在做一個對自己人生有重大影響的決定時，花時間去徵求建議，否則可能會在未來一直後悔。

042

適合自己的天職不會只有一種

拋棄「自己只適合某一種職業」這種錯誤觀念吧。任何人都有可能在多種職業中獲得成功，但同樣地，也有可能在多種職業中失敗。

舉例來說，就我自己而言，若從事編輯、教育、醫療、銷售、廣告、農業、林業等領域，我應該有較高的成功機會；但若進入會計、財務、飯店業、工業、工廠勞動、建築或機械等領域，我大概會失敗並感到痛苦不堪。

043

鼓舞自己

每天對自己說一些鼓舞人心的話，是膚淺的行為嗎？絕對不是。這反而是建立在健全心理學基礎上的做法。羅馬皇帝馬可．奧理略（Marcus Aurelius）曾說：「人生是由你的思想所構成的。」這句話直到今天，仍與一千八百年前一樣真實。

每一天不斷地對自己說積極的話語，能夠在心中激發勇氣、幸福、自信和平靜。當你提到感謝的事物時，可能會感到心懷感激，甚至想要高歌一曲。

044 全心投入工作

只要全心投入工作，人生中能獲得的幸福就會加倍。為什麼呢？因為我們醒著的時間大約有一半都在工作。如果無法在工作中找到幸福，那麼你很可能也無法在其他地方找到。

投入工作，能讓你忘卻煩惱；從長遠來看，也很可能帶來升遷與加薪。即使這些成果沒有實現，全心工作的態度也能幫助你降低身心疲勞，讓你更盡情享受閒暇時光。

045

在討厭的工作中注入熱情

在訪銷領域取得巨大成功的H．V．卡爾滕伯恩（H. V. Kaltenborn）先生，曾這樣談到自己如何把原本討厭的工作，轉變為充滿樂趣的冒險：

「如果想要維持生活，就算是討厭的工作也得做。既然無法避免，那就不如樂在其中，否則就太吃虧了。每次按下玄關的門鈴時，就想像自己是站在聚光燈下、即將登場的演員。你在玄關前做的事，就跟在舞臺上表演一樣令人興奮。只要懷抱熱情投入，工作就會變得更加有趣。」

046

與他人競爭使工作更有趣

從前有位名叫山姆（Sam）的年輕人，站在工廠的車床前製造螺栓，對這份工作感到非常厭倦。他曾想過乾脆辭職，但又擔心找不到其他工作，最後還是打消了念頭。

於是他下定決心，要讓這份乏味的工作變得有趣起來。他開始和隔壁的技工比賽，看誰能製造出更多的螺栓。工廠經理對山姆的速度與精確度留下深刻印象，不久便將他晉升。

這成為一連串晉升的起點。三十年後，這位山姆，也就是山繆・沃克雷因（Samuel Vauclain），成為了鮑德溫機車製造公司（Baldwin Locomotive Works）的總裁。

如果當初他沒有想到如何讓枯燥的工作變得有趣，他或許一輩子都只是個普通的機械工而已。

047 快樂能在一瞬間驅散疲勞

疲勞的主要原因之一是「倦怠感」

讓我們以一位名叫愛麗絲的職員為例來說明。有一天晚上，她筋疲力盡地回到家，累到甚至連晚餐都不想吃，只想立刻躺下睡覺。但母親對她說：「要好好吃飯喔」，她便勉強坐到了餐桌前。就在這時，電話響了。是男朋友打來邀她參加一場舞會。愛麗絲的眼睛頓時一亮，立刻跑上二樓，換上自己喜歡的洋裝，然後興高采烈地出門赴約，一直跳舞到深夜。她玩得非常開心，甚至開心到無法入睡。

那麼，愛麗絲下班回家時真的累了嗎？當然。她做了一整天枯燥乏味的工作，身心俱疲，甚至可能連人生都感到倦怠了。但像這樣的人其實比比皆是，你也許就是其中之一。

048 一旦感到無聊就會覺得疲憊

疲勞與其說是身體狀態，不如說與心理狀態密切相關。

幾年前，夫．伯馬克博士（Dr. Joseph Barmack）在心理學期刊中報告了一項實驗結果，證實了「倦怠會引發疲勞」。他讓學生們從事他們幾乎沒有興趣的活動，結果他們感到疲憊和困倦，有人出現頭痛和眼睛疲勞，有時甚至感覺到胃部不適。

這只是心理作用嗎？並非如此。進一步的臨床檢查顯示，當人感到無聊時，血壓會下降，氧氣的消耗量也會減少；但一旦對工作產生興趣、開始感到愉快時，全身的新陳代謝便會改善。

我們在感到興奮、有趣的時候，幾乎不會覺得無聊。最近，我在洛磯山脈的河流中釣鱒魚。雖然走在森林裡的崎嶇山路上，但連續八個小時都不覺得累。因為去的時候我充滿期待，回程又因為釣到了六條鱒魚而有十足的成就感。然而，如果我討厭釣魚，那麼光是爬上爬下那些海拔超過兩千公尺的高山，肯定早就累癱了。

但如果我不喜歡釣魚呢？那麼要爬上兩千米以上海拔的高山，一定會把自己累得筋疲力盡。

049

工作效率低落的真正原因

哥倫比亞大學的愛德華・桑代克博士（Dr. Edward Thorndike）以學生為對象進行了關於疲勞的實驗，並得出結論：

「工作效率下降的真正原因，其實是因為感到無聊。」

050

真正的疲勞原因

如果你是從事腦力勞動的人，那麼造成疲勞的原因幾乎不會是「工作量太大」。你感到疲憊的真正原因，很可能是因為「還有工作沒完成」。

你應該有過這樣的經驗：當一天裡問題接連不斷，工作不斷被打斷，導致進度落後、做得不順時，你會帶著疲憊的心情回家。但隔天一切進展順利，比前一天還完成了好幾倍的工作時，你回家時反而感到神清氣爽。

我自己也有過這樣的經驗。從這些情況中我們應該學到一個教訓：在大多數情況下，疲勞不是來自工作本身，而是來自「工作沒做好」所帶來的焦慮與不安。

051 樂在工作就不會感到疲倦

最近我在劇場看了一齣音樂喜劇，裡面有一句令人印象深刻的臺詞：「能一邊享受、一邊工作的人是幸運的。」

那麼，為什麼這樣的人是幸運的呢？因為他們更有活力、更快樂、煩惱更少，也較少感到疲勞。

當一個人對某件事產生興趣時，身心會充滿能量。舉例來說，若是與嘮叨的另一半一起走路，走沒幾步就會覺得累；但若是和一位有魅力的戀人同行，即使走得再久也完全不覺得疲憊。

052

與自己競爭

曾在一家石油公司工作的某位女職員，因為覺得填寫表格上的數字實在太無聊，便下定決心，要讓這份工作對自己變得有趣。於是她開始每天與自己競爭：每天早上統計前一天填寫的表格數量，然後在下午努力超越那個數字。接著再統計一整天的總量，隔天再挑戰新的紀錄。就這樣，她完成的表格數量遠超過其他職員。

那麼，她因此得到了什麼呢？既不是稱讚、感謝，也不是升遷或加薪。她真正獲得的是：避免因為無聊的工作而感到疲憊的自由。透過把枯燥的工作變得有趣，她變得更有活力、更有熱情，也更快樂了。

我之所以對這件事這麼了解，是因為她就是我的太太。

053

表現得很享受工作

以下是一位女性的真實故事，她因表現得彷彿自己在做一份有趣的工作，而因此受益。

「我們公司有四位職員，負責打字回信。有一天，主管要我將一封長信從頭重打。我反駁說：『只要稍微修改一下就好，不需要整封重打。』結果主管回我：『那我就請別人做吧。』我當下非常生氣，但也因此意識到自己隨時都可以被取代。於是我決定改變態度，開始裝出自己在享受工作的樣子。結果，我有了驚人的發現：只要表現得像是在享受工作，多少真的就能享受到一些樂趣，而且工作效率還提升了。這意味著，我幾乎不再需要加班。因為這個心態上的轉變，我得到了上司的高度評價，並被提拔為主管祕書。理由是：我從不擺臭臉，總是愉快地把工作做好。」

054 將枯燥的工作轉換為有趣的活動

幾年前，哈蘭・霍華德（Harlan Howard）先生做出了一個改變人生的決定：他決定將枯燥的工作變得有趣。當時，他在高中時中午休息與放學後，都在學校餐廳打工負責舀冰淇淋，這份工作既單調又無趣。但為了維持生計，他不得不繼續做下去。於是他開始研究冰淇淋的製作方法。之後他進入大學主修食品化學，並參加了一場面向全美大學生舉辦的論文比賽，主題是關於可可與巧克力的應用。他的論文脫穎而出，獲得了一百美元的獎金。

當時即使大學畢業也很難找到工作，因此他就在自己家的地下室設立了小型實驗室，承接乳品公司的牛奶檢驗工作，並聘請了兩位助手協助進行業務。

那麼，霍華德先生的未來會是什麼樣子呢？他很可能會在食品化學領域中做出重大成就。另一方面，那些當初和他一起賣冰淇淋的少年們，現在可能還在失業，對政府抱怨「沒工作可做」。

055 世界拳王克服焦慮的方法

前世界重量級拳擊冠軍傑克・登普西（Jack Dempsey）曾說，他面對過的所有重量級拳手中，最難纏的對手就是自己的「焦慮」。他說：

「我意識到，如果不克服焦慮，不只體力會被消耗殆盡，連鬥志都會喪失，根本無法贏得比賽。於是我自己想出方法，並實行了以下三點：」

❶在比賽中，透過內心對話鼓舞自己勇敢出擊。

例如我會告訴自己：「別怕他的拳頭，被打到也要勇往直前」說積極的話、保持正面思維，對我幫助極大。

❷不斷提醒自己「焦慮無濟於事」。

我大多數的煩惱，都在比賽前的訓練期間浮現。我曾經因焦慮而整晚輾轉難眠。但我反覆對自己說「擔心沒有意義」，藉此把那些煩惱趕走。

❸祈禱。

我在訓練時常常祈禱，每一回合之間也不例外。那讓我獲得勇氣與自信。我從來沒有在沒有祈禱的情況下就上床睡覺。

056 全心投入工作，保持忙碌

對於容易焦慮的人來說，把工作當作藥方是個不錯的選擇。這是哈佛大學臨床醫學權威理查德・卡伯特醫師（Dr. Richard Cabot）所提出的觀點。他說：

「身為一名醫師，我見過許多因疑慮、迷惘與恐懼而受苦的患者，透過全心投入工作而得以恢復。看到他們這樣康復，讓我感到無比欣慰。他們透過工作獲得了勇氣，也重新建立起對自己的信心。」

當我們有煩惱時，讓自己保持忙碌是非常重要的。若什麼都不做，只是一個人靜靜地煩惱，反而會愈陷愈深，最終可能連行動力與意志力都會一併失去。

057 靠著忙碌的工作克服焦慮的人

有一位紐約的商人，透過讓自己忙到沒有時間煩惱，成功克服了心中的焦慮。

他是某家水果銷售公司的財務負責人。有一次，因為某家合作廠商中止了草莓的進貨交易，導致公司營收大幅下滑，甚至面臨倒閉危機。他便向社長提出建議，將草莓轉往其他市場販售，公司業績因此改善。但他自己的焦慮症卻並未因此好轉。他說：

「那時我幾乎陷入精神衰弱，但我改變了生活方式，靠忙碌的生活克服了失眠與焦慮。我讓自己忙得根本沒時間煩惱。以前我一天工作八小時，後來改為從早上八點一路工作到深夜，大約十五個小時。每天半夜回到家後，因為實在太累了，倒在床上沒幾秒就睡著了。

我持續這樣的生活大約三個月，焦慮症就痊癒了，於是我將工作時間恢復成一天八小時。從那以後已經過了十八年，我再也沒有被失眠或焦慮困擾過。」

058

煩惱自己是否幸福無濟於事

英國諾貝爾文學獎得主蕭伯納（George Bernard Shaw）說得沒錯。他曾以帶有諷刺意味的語氣說：

「讓自己陷入悲慘情緒的祕訣，就是在閒得發慌的時候，不斷煩惱自己到底幸不幸福。」

這句話真是一語道破。我們應該立刻停止這種無謂的煩惱，讓自己忙碌起來。如此一來，不僅能促進血液循環，也會讓大腦運作更好。結果就是你會感覺整個人充滿生命力，所有的煩惱也隨之一掃而空。

讓自己保持忙碌，這是世上最便宜、卻最有效的特效藥。如果你想克服焦慮，那就投入行動，忙到忘我吧。為了防止陷入絕望與身心衰弱，請讓自己專注於工作，奮力前行。

059 採取建設性行動解決問題

米勒公司廠長吉姆・伯德索爾（Jim Birdsall）回顧他的年輕歲月這麼說：「十七年前我還在軍校時，是個極度焦慮的人。白天、晚上，幾乎對所有事情都感到擔憂。像是：因為物理考試不及格會被退學、健康會變差、失眠無法改善、沒錢約女孩子出門等等，各種煩惱壓得我喘不過氣來。

我實在不知該怎麼辦，於是去向軍校的杜特・貝爾德教授（Duke Baird）求助。他對我說：『與其花時間焦慮，不如把時間與精力拿去解決問題。焦慮是一種後天養成的壞習慣。克服焦慮的辦法，就是辨認你正在擔心的問題，找出其根本原因，然後採取建設性的行去解決它。』

於是我決定改變：我不再抱怨『學物理沒用』，而是努力學習並通過了考試。我不再擔心自己沒錢，而是積極打工賺錢。我不再害怕女朋友被別人追走，而是鼓起勇氣向她邀約、向她求婚。現在，她已經成為我的妻子。

透過找出問題的根源，並採取建設性的行動，我成功地克服了焦慮。」

060

笑看自己的妄想

珀西・懷廷（Percy Whiting）先生回顧自己曾被焦慮困擾的日子時，這麼說：

「我曾經是個極度焦慮的人，幾乎因為各種病痛而覺得自己快死了，是所有人裡最嚴重的那種。因為父親經營藥局的關係，我比一般人知道更多病名。每當想到某種病，我就會一連擔心個一兩個小時。事實上，那種焦慮讓我痛苦到不知所措，彷彿經歷了多次生死邊緣。

現在雖然可以當作笑話看待，但當時真的是場悲劇。我幾乎是被自己的焦慮掘出的墳墓給埋了。甚至到了該買新衣服的季節，我都會想：『反正很快就要死了，買衣服只是浪費錢罷了。』但如今，我已經完全擺脫了焦慮症。過去這十年來，我從未再有那種『快死了』的感覺。

我是怎麼治好的呢？我開始對自己說：『這二十年來，我無數次以為自己得了絕症、快要死了，但你看，我還不是活得好好的。』我開始嘲笑自己的妄想，把它們當笑話看待。就這樣，我克服了焦慮。」

061

努力工作，從谷底東山再起

小說家霍默・克洛伊（Homer Croy）如此回顧自己從人生谷底翻身的經歷：「五十歲那年，我的房子被查封，家人流落街頭。而就在十二年前，我曾把小說的電影改編權以高價賣給電影公司，帶著家人夏天住在瑞士、冬天住在里維埃拉，過著優渥的生活。

那時，我在巴黎寫小說，來自好萊塢的電影改編邀約接踵而至，但我拒絕了那些邀請，選擇回到紐約。從那時起，麻煩就開始了。

當時，我聽說某位大富豪透過不動產投資賺了大錢，於是我也想嘗試。即使對房地產一無所知，我仍將房子拿去抵押，開始在市中心瘋狂購地。我變得驕傲自負，甚至瞧不起那些領微薄薪水的人。沒多久，房地產市場崩盤，我破產了，一無所有。當時我焦慮到失眠，經常半夜起床，漫無目的地在街頭遊蕩直到筋疲力盡。

後來我想通了：『既然已經跌到底了，那就只剩向上爬的路。』我立下決心：

『不再回顧過去的榮耀，要從頭再來。』於是我把原本用來煩惱的精力，全部投注在工作上，局勢也逐漸改善。現在回想起來，我很感激那段讓我能夠發揮不屈精神的日子。」

062 改變心態

作家卡麥隆・希普（Cameron Shipp）回顧自己從焦慮中復原的經歷時，這麼說：

「我曾是華納兄弟公司的公關負責人，為報紙和雜誌撰寫關於當紅明星的文章，這是一份非常有趣的工作。但某天，我突然被升任為副部門主管，擁有了獨立辦公室，這讓我產生了一種錯覺：好像自己掌握著那些巨星的命運，因此感到極大的壓力與緊張。

不到一個月，我的胃開始出現疼痛。想到可能是胃癌，我擔心得睡不著，於是去找了一位知名內科醫生看診。做了精密檢查後，醫生告訴我：胃完全沒有問題。他說：『你不需要擔心，我可以給你開些鎮定劑。不過說真的，你根本不需要吃藥。』

我吃了幾週藥後，雖然情緒變好了，但後來我自己也覺得那些煩惱實在可笑。

『那些大明星沒有我也照樣能過得很好，根本不需要我為他們操心。艾森豪或麥克阿瑟那樣的大人物打仗時都沒吃過鎮定劑！』我如此放鬆了心態。

雖然那位醫生我只見過一次，但他讓我明白：與其靠藥物，不如改變心態，這才是真正的解藥。我一直很感謝他給我的這番提醒。」

063

迅速轉換心情

奧德韋・蒂德（Ordway Tead）先生說：「焦慮是一種非常壞的習慣，克服它的方法有三種。」以下是他所分享的內容：

1. 讓自己保持忙碌，避免陷入不安：我有三份工作，每一份都幾乎等同於全職工作。分別是：哥倫比亞大學的講師、紐約市高等教育委員會主席，以及知名出版社哈珀出版社的顧問。忙到這種程度，根本沒有時間焦慮。
2. 迅速轉換心情：當我從一個任務轉換到下一個任務時，會把剛剛在腦中思考的問題完全拋到一邊。這樣做能讓心情清爽、精神輕鬆，也能獲得良好的重整與恢復。
3. 下班後就忘掉所有問題：如果每晚都把工作煩惱帶回家繼續擔心，不但會損害健康，還會讓你失去解決問題的能力。

064 今天只為今天而活

業務員約瑟夫・科特（Joseph Cotter）回顧自己從焦慮中解脫的過程：

「我從小就是個徹頭徹尾的焦慮型人格。即使非常罕見地沒有煩惱時，我也會開始擔心：『是不是有什麼事被我忽略了？』

於是兩年前，我決定開始一種全新的生活方式。這需要先分析自己的缺點。結果我發現，自己焦慮的原因，是因為我不僅擔心今天的事，還會後悔昨天的錯誤，以及恐懼明天的未知。雖然我曾聽人說：『只要盡全力把握今天的機會，其餘的日子自然不會那麼在意。』但對我來說，這種心態轉換太困難，始終無法真正做到。

直到有一天，我看到一輛火車。當號誌變成綠燈時，司機立刻啟動列車。而我如果是司機，可能會等到所有前方號誌全變成綠燈才敢出發。當然，那是不可能的。但我驚覺：自己的人生就是這樣過的。從那天起，我開始每天早上祈禱，在心中確認今天的號誌是綠燈，然後才出發。這兩年來，我天天這麼做，靠著這樣的方式踏上人生的旅程，我變得輕鬆多了。

065 為他人的幸福作出貢獻

洛克斐勒在四十三歲時靠著開採石油積累財富，成為億萬富翁。那麼，十年後的他又是什麼樣子呢？他因為過度焦慮，罹患嚴重的腸胃疾病，身體狀況宛如瀕死的病人。醫生的診斷是：「極度的神經衰弱」。

洛克斐勒原本擁有強健的體魄，但到了五十三歲時，由於過度工作與長期心力交瘁，加上睡眠不足與缺乏運動，他的身體已被嚴重侵蝕。儘管他是當時世界屈指可數的大富豪，卻仍夜夜憂慮著自己的成功是否只是曇花一現，這樣的心態導致他的健康每況愈下，也就不難理解了。

後來，洛克斐勒聽從醫生建議，實踐了「適度運動、充分休息、飲食適量（八分飽）」的生活方式，身體逐漸康復。退休之後，他反省了自己過去那種不被人喜愛的成功者人生，成立了基金會，向大學、醫院、教會捐款，致力於消除疾病與貧困、推動學術發展。

他捨棄了自己的財產，投入於造福人群的事業中，從中獲得了內心的平靜。正因如此，這位原本在五十三歲瀕臨死亡的人，最後健康地活到了將近九十八歲。

066

不要急著解決問題

市場分析師路易斯・蒙坦特（Louis Montant）這樣回顧自己的人生經歷：

「我因為焦慮，失去了整整十年的人生。那是從十八歲到二十八歲，人生最年輕、最美好的黃金時期，如今回想起來，我深刻地覺得這一切都是我自己造成的。我為工作、健康、家庭、甚至自卑感等一切事情感到焦慮。每天都膽戰心驚，工作也做不好，換了好幾份工作都無法安定下來。

但在八年前的一個下午，我終於克服了焦慮。那天下午我在一位男性的辦公室裡，他所面對的煩惱遠比我多得多。但他是一個非常開朗的人。當我聽他說話時才知道，他曾經三度破產，這對一般人來說早已是毀滅性的打擊，但他卻輕鬆地挺過來了。

他的祕訣是這樣的：將焦慮的內容詳細寫在紙上，然後把那張紙放進桌子抽屜裡，放兩個星期。兩週後再拿出來看看，如果還是覺得值得擔心，就再放回去兩週。只要有耐心，大多數的煩惱都會自動消失。我很喜歡這個方法，照著做之後，我幾乎就不再焦慮了。」

067

讓自己閒不下來

註冊會計師戴爾・休斯（Del Hughes）先生回顧自己曾經被焦慮折磨的日子：

「在訓練期間，我從高處摔下，摔斷了三根肋骨，被送進退伍軍人醫院住院。住了三個月，人生中最震撼的一刻，是主治醫生對我說：『完全沒有好轉的跡象。』我認真思考之後，覺得是因為我太過焦慮，才導致恢復變慢。原本我是一個活動力很強的人，但自從住院以來，我天天躺在病床上仰望天花板，不斷胡思亂想，焦慮變得越來越嚴重，甚至開始害怕自己會變成終身殘疾。

有一天，我請主治醫生讓我參加鄰近病房的「鄉村俱樂部」活動，於是開始接觸撲克牌、繪畫、雕刻、閱讀等娛樂。我尤其常讀心理學相關的書籍。大約三個月後，主治醫師告訴我，我的身體『驚奇般的恢復』。我從未如此開心過。正是因為我不再一味躺著焦慮，而是積極投入興趣與活動，才迎來了這樣的好結果。如今我身體非常健康，無論是工作還是生活，都過得非常充實。」

068

以悠閒的心情生活

製作直銷郵件廣告的保羅・桑普森（Paul Sampson）先生回顧自己的人生轉折：

「直到半年前，我的人生都像是在全速奔跑。我總是匆匆忙忙，完全無法靜下心來。每天晚上回到家時，我的精神都已經精疲力盡，但從來沒有人告訴我：『這樣下去你會累死的，不如放慢腳步、悠閒一點生活吧。』

在這種狀態下，我去看了一位知名精神科醫師。他告訴我：『你需要學會放鬆。如果無法放鬆，就等於是在掐自己的脖子。』

從那之後，我開始實踐放鬆技巧。我在睡前讓自己平靜下來，調整呼吸。這樣一來，我早上醒來的狀態明顯變好了。以前一睜開眼就覺得累，現在則完全不同。

而現在，我最能放鬆的地方，就是工作場所本身。我每天會幾次暫停工作，完全讓自己放鬆下來。

透過這個習慣，我擺脫了精神疲憊與煩憂，重新找回了生活的樂趣。」

069 不得不做的事情應立即完成

美國阿拉巴馬州莫比爾郡副警長凱瑟琳・法瑪爾（Kathryn Farmer）回顧自己曾經痛苦掙扎的日子時，這麼說：

「三個月前，我因為太過焦慮，連續四天無法入睡。那段痛苦的經歷無法用言語形容。

我覺得自己就像活在地獄裡，甚至一度認為自己無法再這樣活下去了。

人生的轉捩點，是我讀到了這本書的樣書。在這三個月裡，按照書中的建議調整了心態後，我的精神狀態變得穩定多了。

現在的我，能夠應對今天的挑戰。但在過去，我總是被昨天的問題拖著走，還要為明天的未知感到恐懼。

從這本書中我學到的最重要的祕訣是：馬上著手處理今天該做的事，快速完成，讓內心變得輕鬆乾淨。另外，我也學會了問自己最糟的情況是什麼？然後思考我能做什麼來改善它。而對那些無法改善的事，就坦然接受。正是因為實踐了這些方法，我才終於卸下了心中的重擔。」

070

決不賭博

賭博是導致焦慮的原因之一。我驚訝於有這麼多人試圖透過賭馬或老虎機來賺錢。有位男子擁有幾臺老虎機，靠這些機器維生。他曾說：「那些試圖擊敗這些設計本來就讓莊家獲勝的機器的人，全都是愚蠢之徒，我看不起他們。」

我也認識一位著名的賽馬預測專家。他曾是我成人教育課程的學員，並斬釘截鐵地說：「不管你多努力研究賽馬，都不可能真正贏錢。」然而事實是，每年仍有無數愚蠢的人，投入高達六十億美元在賽馬上。這位預測師甚至諷刺地說：「如果你想毀掉一個敵人，讓他去玩賽馬是最有效的方式。」

如果你無論如何都想賭博，那麼請先弄清楚你能贏的機率有多少。知名數學家奧斯瓦爾德・雅各比（Oswald Jacoby）已經證明，不論是賽馬、老虎機、輪盤、撲克還是橋牌，能贏的機率都微乎其微。如果你了解了這些真相，你只會對那些辛苦賺錢卻把錢拿去賭博的人感到可憐。

071 閱讀歷史書，明白自己的煩惱微不足道

著名經濟學家羅傑・巴布森（Roger Babson）闡述了自己如何克服焦慮：

「當我陷入對自身處境的憂鬱狀態時，我已學會如何在一小時內將它轉化為樂觀心情。我的方法是這樣的：

我會走進書房，閉上眼睛，從書架上隨機取下一本歷史書，然後坐下來仔細閱讀一小時。越讀就越能明白：人類的歷史就是一部不斷受苦的歷史，文明世界從未脫離過動盪時代。世界史的每一頁都充滿了戰爭、飢荒、貧窮與瘟疫等殘酷場面。讀了一個小時的歷史書後，我總會發現：不管我現在的處境多糟，和過去的人們相比，自己已經好得太多了。這樣的認知不僅幫助我正視當前的煩惱，也讓我能夠懷抱一種世界正在逐漸變好的樂觀心態。」

的確，我們應該透過閱讀歷史書來學習。當我們以萬年的時間尺度來看待問題，就會發現自己眼前的煩惱，在無限的時間中只是微不足道的存在。

072

鄉村少年克服自卑感的方法

參議員埃爾默・托瑪斯（Elmer Thomas）敘述了自己克服自卑感的方法：

「我在十五歲的時候，曾深受自卑感所苦。因為我身材瘦弱、體力差，運動也不在行，經常被其他男孩嘲笑。每天我都為自己的孱弱體格而煩惱。母親察覺到了，對我說：『那就靠動腦維生吧。』但我們家很窮，為了能夠上大學，我靠在附近森林裡打獵賺取學費。不過，由於我總是穿得破破爛爛，被其他學生看不起，於是我常常躲在房間裡拼命念書。

讓我開始建立自信的轉捩點，是我通過考試、獲得小學教師資格的時候。那是我人生中第一次被承認有能力。用自己的錢買了新衣服，穿著得體，這也讓我獲得更多自信。真正的人生轉捩點，是我在一場演講比賽中獲勝，名字登上報紙的時候。那些曾經嘲笑過我的男孩們，現在反過來稱讚我。當我發現自己有能力時，那成了我巨大自信的來源。如果我沒有克服自卑感，也許我早已成為人生的失敗者了。」

有趣的是，如今的托瑪斯議員還被票選為參議院中最會穿衣服的人之一。

有趣的是，湯瑪斯議員還被選為上院的優秀著裝者之一。

073

克服焦慮的五個方法

耶魯大學的威廉・菲爾普斯教授（William Phelps）分享了克服焦慮的方法：

❶燃燒熱情，認真過每一天。全力以赴地活在當下，會讓人感到心情暢快。

❷閱讀有趣的書。讀到偉人傳記，想像那些波瀾壯闊的人生時，就會忘掉自己憂鬱的狀態。

❸活動身體。情緒非常低落時就動一動，洗個澡、吃頓飯。打網球、打高爾夫、跳舞流汗之後，心情也會變得清爽。

❹放輕鬆地工作。拼命工作會導致神經緊張，那是愚蠢的行為，不如輕鬆愉快地工作。

❺時間與耐心有助於解決問題。「兩個月後，這件事我應該早就不再擔心了，既然如此，現在煩惱也沒意義。」這樣一想，心情就能平靜下來。

074

不要為過去傷神，也不要為未來憂慮

關於如何克服種種苦難，記者朵洛西・迪克斯（Dorothy Dix）如此回顧：

「我曾經歷極度的貧困與重病。當有人問我，是怎麼挺過那些苦難的，我總是這樣回答：『既然我昨天都撐過來了，今天也一定能熬過去。至於明天會發生什麼，我不去想。』

我曾經歷過焦慮與絕望。我總是必須付出超越極限的努力。回顧自己的人生，它像是一片散落著破碎夢想與毀滅希望的戰場，而我就是在那片戰場上被撕裂過的人。

但我不憐憫自己，不為過去流淚，也不羨慕那些被命運眷顧的女性。因為走過如此激烈的人生，我獲得了她們所不知道的東西，我也能用被淚水洗淨的雙眼，看清這個世界的真相。

正是因為走過那些艱難的日子，我才學會了幽默感。若能笑著面對困境而不是驚慌失措，那就再也沒有什麼值得害怕的了。」

075

養成運動習慣

關於如何克服焦慮，律師艾迪・伊根（Eddie Egan）這樣說道：

「當我因為某件事感到焦慮、情緒低落的時候，我發現運動能讓心情變好。無論是去登山健行、打三十分鐘的沙包、還是在健身房打壁球，這些活動對心理健康非常有幫助。週末的時候，我也會打高爾夫或去滑雪，這些都是轉換心情的好方法。

透過讓身體感到疲勞，我可以暫時遠離工作的煩惱，讓頭腦休息，這樣等我回到工作崗位時，就能重新充滿活力。即使當下我正面對很大的心理壓力，只要運動過後，那些問題就會看起來沒那麼嚴重，也能讓我恢復正面的態度。

總結來說，有煩惱時去運動，是最好的方法。當你焦慮的時候，多用肌肉、少用大腦，會有驚人的效果。以我的經驗來說，運動之後，煩惱就會消失得無影無蹤。」

076

從艱苦的經歷中起飛

業務員泰德・艾利克森（Ted Ericksen）分享他克服焦慮的經歷：

「我原本生性焦慮，但現在已經不同了。這是因為幾年前的夏天，我經歷了一場讓我克服焦慮的轉捩點。我一直想在夏天去阿拉斯加搭漁船工作，所以我簽了合約，登上一艘三人漁船。然而，實際體驗之後，我才發現那是一份遠遠超出想像的嚴苛工作。我們幾乎日夜不分地工作，每天要勞動二十個小時。隨著潮流拉網極為吃力，全身痠痛難耐。休息時間，我只能在置物櫃上鋪塊濕床墊睡覺，想當然相當不舒服。

但正是因為我撐過了那段極端的痛苦與疲憊，我現在非常慶幸，因為這段經歷治好了我的焦慮。如今，每當我遇到什麼難題時，我就會自問自答道：『這會比那艘漁船上的經歷還痛苦嗎？當然沒有。』然後就能鼓起勇氣面對它。

我認為，偶爾經歷苦難是件好事。因為一旦你有了『我撐過那樣的苦日子』的信心，你就會發現：日常生活中遇到的問題，其實都是些微不足道的小事。」

077

只去思考當天的事

牧師威廉・伍德（William Wood）回憶自己是如何克服焦慮：

「幾年前，我感到胃部劇烈疼痛，痛到半夜會被痛醒。因為我父親是死於胃癌的，所以我認為自己也得了胃癌。於是我去了醫院檢查，結果醫生診斷出來：我的胃痛是由心理壓力引起的。

當時我背負著教會中各種工作的重擔，長期在壓力下工作，逐漸開始對所有事情都感到焦慮。聽從醫生的建議後，我開始把星期一訂為休息日，並減少了一些工作量。

有一天，我一邊擦著妻子洗好的碗盤，一邊注意到妻子正開心地哼著歌。當時我突然意識到：『如果我妻子在十八年前結婚時，就把今後一生中要洗的碗盤數量全都算出來，早就精神衰弱；但她每天只洗當天的碗盤，所以不覺得辛苦。』於是我也效法她的做法，只去思考今天的事，不再為昨天或明天的事煩惱。結果我不但心情輕鬆了，連胃痛也痊癒了。」

078 學會如何用錢

根據某本婦女雜誌的報導，人們七成的煩惱都與金錢有關。統計學家喬治・蓋洛普博士（George Gallup）指出：「大多數人都以為，只要收入增加一成，就可以擺脫對金錢的焦慮。」這種情況有時確實成立，但在多數情況下並非如此。

我訪問了預算管理專家艾爾西・史泰普頓（Elsie Stapleton）女士。她是一位資深的財務顧問，長年為從貧困階層到富裕階層的各種人處理財務問題。

她斬釘截鐵地表示：「就算錢變多了，大多數人依然無法解除經濟焦慮。事實上，我看到許多例子是，收入一增加，支出也跟著增加，反而帶來更多煩惱。大多數人的焦慮，不是因為錢太少，而是因為不懂怎麼用錢。」

079 注意節約開銷

當我分享不為金錢煩惱的方法時，許多讀者一定會反駁說：「你根本沒過過低薪的生活，當然能這樣站著說話不腰疼。」

但事實上，我自己也曾承受過經濟的不安。我曾在農場一天做十個小時的重勞動，累得筋疲力盡，但一天的工資別說一美元了，甚至只有五分錢。我也熟知住在沒有浴室和自來水的房子裡二十年的感受，以及在攝氏零下十五度的臥室中睡覺帶來的困擾。我知道為了省下五分錢的交通費而一直走到鞋底開裂，以及只能點選餐廳菜單上價格最低食物時的感受。

即使在這樣困苦的時期，我也會從有限的收入中存下一些錢。經過這段經歷，我意識到想要免除經濟上的憂慮，就必須像企業在削減成本時那樣制定預算並努力節儉。

080

仔細思考自己的開支方式

我非常倚仗的出版社總監利昂．希姆金（Leon Shimkin）曾指出：「奇怪的是，許多人對自己的金錢問題往往是盲目的。」他說：「有位財務人員，能精準管理公司的財務，但對於自己的錢卻非常隨便。這個人不考慮房租、水電費等固定開銷，一領到薪水就馬上衝動消費。但你想想，如果一家公司像這樣亂花錢，那很快就會破產了。」

其實，對於自己的金錢管理，就像是在經營一家公司。換句話說：如何花自己的錢，是你自己這家公司最重要的管理責任。

081 將事實記錄在紙上

當阿諾德・貝內特（Arnold Bennett）在半個世紀前剛到倫敦開始小說家生涯時，生活非常貧困，過得十分艱難。因此，他決定詳細記錄每一筆六便士的開銷。這種記帳方式讓他非常滿意，以至於即使後來賺進大筆財富、成為世界知名作家後，他依然保持記帳的習慣。

大富豪洛克斐勒也有記帳的習慣。他每天晚上在祈禱之前，都會仔細檢查自己每一筆支出的用途。

看來，我們也有必要記帳了。許多家計專家都建議：至少要記帳一個月，如果可以，三個月更理想，才能真正掌握自己的支出狀況。

你可能會反駁說：「我已經知道錢花在哪裡了。」或許是這樣，但如果真是如此，那你屬於極少數真正懂得節制的人。然而，如果你花幾個小時把所有支出寫在紙上，你多半會驚訝地發現：「原來我平常竟然把錢花在這些地方？」

3

樂於為他人服務

082

享受為他人奉獻的生活

雅圖的法蘭克・魯普博士（Frank Loop）因痛風臥病在床長達二十年以上。然而，當地報社的一位記者卻讚譽他說：「魯普博士是我所見過最具有利他精神、同時也是真正享受人生的人。」

臥床不起的病人，究竟是怎麼樣才能享受人生的呢？是靠自憐自艾、抱怨不斷，一邊接受他人照顧來滿足自己？還是以積極正向的態度，致力於幫助他人，從中獲得喜悅與滿足？

魯普博士選擇的是後者。他主動調查其他病患的姓名與住址，並寫信鼓勵他們、為他們打氣。他甚至成立了專門為病患寫信的俱樂部，鼓勵大家彼此通信支持，最終更將這個組織推廣到全國。即使他長年臥床，每年也寫了多達一千四百封信。

那麼，魯普博士與其他人的不同之處在哪裡？那就是他是否懷著使命感、以崇高的目標為人生而奉獻，並從中感受到喜悅。

083

發揮自己的力量為社會貢獻

關於為人們帶來喜悅與為社會貢獻，諾貝爾文學獎得主蕭伯納（Bernard Shaw）這樣說：

「人生真正的目的，不是成為一個只會抱怨社會無法讓自己幸福的、自我中心的愚人，而是成為一個能發揮自身力量、為社會做出貢獻的人。我始終相信，把對社會的貢獻當作使命，並盡我一生之力為此努力，這是我身為人的特權。

當我走向生命的終點時，我希望我已將自己的才能完全燃燒殆盡。因為我相信：努力得越多，活得就越有意義。對我而言，人生不是一根短短的蠟燭，而是一支閃耀著光芒的火炬，我希望能把它高高舉起、照亮四方，直到交給下一代為止。」

084
為周圍的人帶來歡樂

奧地利知名心理學家阿德勒（Alfred Adler）對憂鬱患者有著與人不同的見解。他說：「如果每天都想方設法為周圍的人帶來快樂，那麼憂鬱就能在兩週內治癒。」

總是把自己困在內心世界、只顧著思考自己，是非常不利於心理健康的。宗教中最重要的教義之一就是「愛鄰如己」。如果一個人從不去思考周遭他人的事，那麼他在一生中很可能會經歷最深沉的痛苦。

阿德勒強調「時刻行善」的重要性。那麼，所謂的「行善」到底是什麼呢？行善，就是帶給他人喜悅。

為什麼持續行善會對自己產生正面的效果呢？那是因為，當我們努力讓他人快樂時，就能擺脫「只想著自己」的惡性循環。如此一來，我們就能放下煩憂，克服憂鬱。

085

為他人服務能帶來人生中的喜悅

劍橋大學古典文學教授阿爾弗雷德・豪斯曼（Alfred Housman）曾說：

「一個只顧著自己的人，將無法在人生中獲得多少東西，終將過著淒慘而空虛的一生。相反地，那些為了服務他人而忘了自己的人，卻能在其中找到人生真正的喜悅。」

086 努力為人們服務

美國無神論者西奧多・德萊塞（Theodore Dreiser）曾說：「所有宗教都是童話。」但他也提倡了基督所傳達的理念，即為人們盡力而為。

德萊塞這樣表述：

「如果想在生活中找到喜悅，就必須制定一個計劃，不僅改善自己的世界，還要改善他人的世界。因為對於人類而言，快樂是共同分享的。」

如果想讓世界變得更好，就應當立即付諸行動。時間正在流逝，這一刻獨一無二，不能拖延。

若渴望消除憂慮、獲得心靈的平和，可以暫時拋開自我，思考如何為人們服務。

087 為那些不那麼幸運的人服務

有一位年輕女士因為失去了丈夫，而陷入深深的悲傷之中。

「多年以來，我從未獨自度過聖誕節。朋友邀請我與他們一起慶祝，但我無法接受這個提議。在公司下班後，原本希望在紐約的喧囂中擺脫陰鬱的心情，但見到許多幸福的情侶只是令我更加悲傷。」

當晚她路過一座教堂，聽到了「聖誕夜（O Holy Night）」的歌聲。進去後看見兩個孤兒獨自在那裡。她決定為這些比自己境遇更加艱難的孩子做點什麼，帶他們吃飯並送上禮物。結果她感受到了一種魔法般的變化——原本的孤獨消失了，取而代之的是歡樂的心情。

從這次經歷中，她領悟到要讓自己快樂，需要使他人幸福。通過幫助他人和傳遞愛意來克服擔憂，從悲傷中走出來重新開始。這份感覺至今沒有改變。

088

以真誠的心關心他人

即使每天的生活再單調，你也總會在某個時刻、某個地方，與某個人擦肩而過。那麼，你是如何對待這些與你相遇的人呢？你只是看見了他們，還是有試著了解他們的興趣與關注所在？你是否懷著誠摯的態度傾聽他們的話語？

其實，你有能力讓你所處的世界變得更好。方法很簡單：對你遇到的每一個人，都懷著善意與親切相待。就從明天開始試試看吧。

那麼，這樣做會帶來什麼樣的好處呢？那就是巨大的幸福感與滿足感。換句話說，對他人行善，並不是出於責任或義務，而是為了讓自己感到快樂與幸福。班傑明・富蘭克林（Benjamin Franklin）也曾這麼說：「當你對他人行善時，真正得到莫大幸福的，是你自己。」

089 傾聽他人的話語

這是關於一個多年來一直擔心而不幸的年輕女性，在幾位男士面前收到求婚的故事。現在她已經有了孫子。數年前，我曾去訪問她和丈夫同住的家。

「我少女時代的悲劇是來自貧困的父母，當時的我總是心情沮喪，常常在床上哭泣。

有一天，我決定在約會時要求男友『跟我談談你未來的規劃和思考方式』。當然，並不是因為對他的回答感興趣，而是想讓他忽視我的破舊打扮。

令人驚奇的是，我逐漸對男性們所說內容產生了興趣，並且常常會忘記自己的打扮。更出乎意料的是，在我傾聽他們講話時，他們似乎情緒變得愉悅，這也使我逐漸受到歡迎，並從三位男士那裡收到了求婚。」

090 時刻關心他人

當你關心別人時，不但能停止對自己的煩憂，還能交到朋友、度過愉快的時光。耶魯大學文學院的威廉・菲爾普斯教授（William Phelps）就曾這樣說：「我去理髮店或餐廳時，總會關心那裡工作的人們。舉例來說，我會問理髮師：『長時間站著不累嗎？』、『你到目前為止大約剪過幾顆頭呢？』當我真誠地展現出關心與興趣時，對方也總會開心地與我交談。有一次在陽光明媚的夏日，我在列車的餐車上對服務生說：『廚房這麼熱，工作一定很辛苦吧。』結果他回答我：『每個客人不是催菜，就是嫌貴，讓我很煩。但像您這樣體諒我們的人，是我第一次遇到。』他開心地笑了，我看到那笑容時，感到由衷的幸福。」

一個時常關心他人的人，還會因為煩惱自己的事而去看精神科醫生嗎？當然不會。因為，體貼他人不只讓對方感到被重視，也讓我們自己獲得真正的快樂與療癒。

091 擁有感恩的心

英國評論家山謬・詹森（Samuel Johnson）曾說：「感恩之心是高尚教養的產物，在粗俗無知的人身上，是無法看見這種情感的。」

因此，如果你對一般人懷抱太多期待，往往只會感到失望。不如一開始就抱持這樣的認知：「大多數人本質上就是忘恩負義而冷淡的。」

092
多數的人都不知感激

如果你救了某個人的性命，你大概會期待那個人對你心懷感激吧。然而，據律師薩繆爾・萊博維茨（Samuel Leibowitz）的說法，他曾為七十八名被告避免死刑判決、實際救了七十八條人命，卻沒有收到其中任何一人寄來的感謝信。

連性命被救都不見得會心懷感激，那麼，在其他困難中伸出援手的人，就更難期待對方會持久地感謝了。現實就是：也許一開始他們會口頭感激，但隨著時間過去，多數人最終還是會若無其事地視你為理所當然。

093

人類的慾望無限

如果你留下一百萬美元給某位親戚作為遺產，他會感激你嗎？

我們來看看世界知名的超級富豪安德魯・卡內基（Andrew Carnegie）的例子。卡內基曾留下一百萬美元的遺產給他的一位親戚。但如果他能復活過來，得知那位親戚竟然在罵他，肯定會大受打擊。因為那名男子竟然這樣在外人面前說：「那個老頭生前把超過三億美元都捐給了慈善機構，卻只留下一百萬給我這個親戚，太過分了！」他毫不掩飾地公開抱怨與指責已故之人。

唉，這就是人性。人類的本性過去如此、現在如此，未來恐怕也難以改變。至少在你活著的這段時間內，人性恐怕都不會有太大改變。與其憤怒與失望，不如學著接受它。

094 不要期待被感謝

讓我們像古羅馬五賢帝之一的馬可・奧理略一樣，直視現實、學會達觀地面對人生。他在《沉思錄》中這樣寫道：

「今天，我將會與一群只為自身利益而慷慨激昂地說話的忘恩負義之人會面。但這件事並不值得驚訝或感到困惑，因為這個世界本來就不可能沒有這類卑劣的人。」

確實是如此。若你忍不住想抱怨某人忘恩負義，那麼究竟該怪誰？是對方揭示了人性的本質，還是你自己對人性一無所知？

不要對他人懷抱「一定會感謝你」的期待。如果偶爾有人表達感激，你可以驚喜地接受；但如果沒有人感謝你，那也完全不需要感到驚訝或受傷。

歸根究柢，人類就是容易遺忘感謝的生物。所以，如果你總是期待別人會感恩，那你將會一次又一次地陷入失望與受傷。

095 不講求回報地給予

有一位女性，因為孤獨而經常抱怨不滿，連她的親戚都不願意靠近她。當姪女們來探望她時，這位女性總是沒完沒了地說自己過去為她們做過的事：照顧她們生病、讓她們留宿、準備食物給她們吃……種種舊帳一一數落。姪女們偶爾會來看看她，但那只是出於義務。這位女性真正渴望的，是姪女們的感謝與情感回應。然而，她越是強求感謝，越是得不到任何回報。

像這樣的人在社會上並不少見，他們常常深陷孤獨，因為他們渴望被愛，卻無法獲得他人的愛。但要獲得他人的愛，唯一的方法，就是停止索求愛，並不求回報地去付出愛。

我的父母正是這樣的人。儘管我們家非常貧困，但他們非常樂於助人，每年都會把僅有的錢捐給孤兒院。他們從未期待任何回報，孩子們能因此受益，對他們而言就是最大的喜悅。

096 不要將孩子培育成不知感恩的人

自古以來，父母就一直被不知感恩的子女所困擾。莎士比亞在他的《李爾王》中寫道：「不知感恩的子女，比毒蛇的利齒更能噬痛人心。」

如果父母不從小教導孩子感恩的重要性，那孩子勢必會成為不懂感恩的人。這就如同任由庭院荒廢、雜草叢生一般。而感恩之心就像是一朵玫瑰，必須悉心灌溉、施肥與呵護，才能長成。

那麼，如果孩子真的變成了忘恩負義的人，究竟該怪誰？責任很可能在於父母，因為父母沒有用心教養與引導，才導致這樣的結果。

097 教導孩子學會感恩

曾有一位男性，收養了兩名不知感恩的繼子。他在工廠從事低薪勞動，後來與一位寡婦結婚。這位寡婦說服丈夫向銀行貸款支付兒子的學費，而他則在四年間，努力工作養活一家人，並償還債務。

然而，他卻完全沒有獲得任何感謝。他的妻子把這一切視為理所當然，兒子們也根本不覺得自己欠繼父任何恩情。

那麼，這到底是誰的責任？表面上看，當然是那兩位兒子不懂感恩的錯；但其實，更嚴重的錯誤來自於他們的母親。她認為讓孩子「心懷感激」會造成心理壓力，為了不讓他們背負所謂的「劣勢」，她從未告訴孩子們：「繼父是你們的恩人」，反而這麼說：「他這麼做只是盡一個繼父的本分罷了。」

她本意是為了減輕孩子們的心理負擔，但實際上卻灌輸了一種危險的觀念：「貧窮的人本來就有權利接受他人金錢援助。」而這樣的心態，最終導致了悲劇。

後來，其中一位兒子因為挪用公司資金被捕。

098 孩子是父母的一面鏡子

我們應該牢記這句格言：「孩子是父母的一面鏡子。」舉個例子，我的姑媽從來不需要抱怨孩子不知感恩。我還是小孩的時候，親眼看著她把自己的母親接回家，充滿愛心地照顧，對丈夫的母親也同樣地關懷備至。只要閉上眼，我仍能想起當時那幅溫馨的畫面：兩位年邁的女士坐在姑媽家的壁爐前，和樂地依偎在一起。

如今，姑媽成了寡婦，她的五個孩子早已獨立，但他們都爭相把母親接去自己家照顧。這不是出於報恩的義務感，而是無條件的愛。這些孩子們在成長過程中沐浴在母親的愛中，如今角色互換，他們從心底感受到回報這份愛，是一種幸福。

099

教導孩子感激的方法

我們要牢記這句格言：「小水壺有大耳朵。」在孩子面前說的悄悄話，孩子通常會一字不漏地聽進去。

所以，當你在孩子面前，快要忍不住批評別人的好意時，請務必克制那個衝動。比方說，千萬別說：「唉，送這什麼無聊東西。這種自己織的，根本就是不想花錢。」即使對父母來說只是無心的閒話，但孩子卻在聽著。

我們應該說：「這真是份用心又珍貴的禮物！一定花了好幾個小時織呢。我們趕快寫封感謝信吧。」這樣一來，孩子自然能養成讚美和感激的習慣。

4

改變心態

100 意識到自己的幸運

負責我講座的經理哈洛德・阿博特（Harold Abbott）先生曾講過一段令人印象深刻的故事。他說：

「我以前是個極度愛擔憂的人，但有一天，我在短短十秒內，學到了比過去十年還多的人生功課。當時正值大蕭條，我不僅把所有積蓄都賠光了，還背上了龐大的債務。我經營的雜貨店倒閉了，我幾乎失去了活下去的希望，正垂頭喪氣地走在街上。

就在這時，我遇到了一位靠著拐杖走路、雙腿截肢的男子。他看到我時，竟然露出燦爛的笑容，向我微笑致意。

那一刻，我突然意識到：原來我其實已經非常幸運了。我為自己沉溺在悲傷與自憐中感到羞愧，於是振作精神，下定決心重新找工作，從頭開始。」

101

擁有飲水和食物時就不該抱怨

企業家埃迪・里肯巴克（Eddie Rickenbacker）先生曾在戰爭期間遭擊落，獨自在太平洋漂流了整整三週。

曾經，當我向他詢問關於這段經歷中所學到的教訓時，他回答道：

「我從這次經歷中學到的是，只要有足夠的飲用水和食物，就沒有理由抱怨。」

102 專注於九成順利的事物

我們可以稍微停下腳步，問自己：「我在擔心什麼呢？」通常情況下，你會發現這些憂慮很可能是一些小事。

普遍來說，生活中約有九成的事情都能順利進行，而剩餘的一成可能並不如意。因此，如果希望享受幸福感，就應該專注於那九成順利的部分，並忽略那一成不如意的事情。

然而，如果你非要一直擔心，以至於想患上胃潰瘍，那就只需把注意力集中在那一成不如意的部分，並忽略順利進行的九成事情。

103

回憶自己所接受的恩惠

英格蘭國教會（Church of England）的大門上刻有一則標語：「想起那些常常為你帶來好處的事物，並對此表示感謝。」這樣的標語應該被鐫刻在我們心中。

讓我們盡量回憶生活中值得感恩之處。然後，感激自己能夠享受到這些恩惠。

104 樂觀的生活態度能促進健康

因作品《格列佛遊記》而名聞遐邇的作家強納森・史威夫特（Jonathan Swift），在英文學史上被公認是最極端的悲觀主義者之一。據說他對自己出生於這個世界感到如此悲傷，以至於每年的生日都會穿黑色衣服進行禁食。

然而，在絕望中，他發現樂觀和愉快的態度可以帶來健康。他留下了這樣一句話：「世上最好的醫生就是健康飲食加上明朗的心境。」

如果我們也能時刻保持樂觀和愉快，便可以隨時免費享受不可估量的益處。

105

這世上最大的悲劇是什麼？

正如德國哲學家叔本華（Schopenhauer）深刻指出的：人類很少去思考自己「已經擁有」的東西，反而總是執著於那些「尚未擁有」的東西。

然而，正是這種傾向，才構成了世上最大的悲劇。事實上，它造成的悲慘人生比歷史上所有戰爭與疾病加總起來還要多，這麼說一點也不誇張。

106 著眼於得到的恩惠，而非問題

約翰・帕默（John Palmer）先生分享自己曾經因為焦慮，差點毀了家庭生活：

「我從戰爭回國後創業，日以繼夜地工作。起初一切順利，但突然零件供應中斷，讓我擔心事業無法維持。那段時間我常常喃喃自語、脾氣暴躁。

這時，一位退伍軍人朋友對我說了這番話：『不是只有你一個人有問題。如果現在經營不下去，就先暫時關門，情況好轉再開業就行。你其實擁有很多值得感恩的東西，只是一直在抱怨罷了。你看看我，只有一隻手、臉也毀了，但我從不抱怨。因為我知道，如果老是抱怨，不只會失去生意，還會失去健康、家庭，甚至朋友。』

我聽完後，才意識到自己其實是多麼幸運，於是下定決心改變心態和態度。」

107 看到每件事物最好的部分

兩百年前，英國文學家山繆・詹森博士曾說過一句話：「培養凡事看到美好一面的習慣，其價值大得難以置信。」

然而，詹森博士並非從一開始就過著幸福順遂的生活。他曾長達二十年深陷於不安、貧窮與飢餓之中，是在歷經艱苦歲月之後，才終於被世人尊稱為「文壇巨擘」。

108

人生應該追求什麼？

評論家洛根・皮爾索爾・史密斯（Logan Pearsall Smith）曾說過：

「人生應該追求兩件事：第一，獲得你想要的東西；第二，盡情享受它。而能實現第二件事的人，才是最聰明的人。」

這確實是一段名言。

109
感受看見的喜悅

如果你想知道該如何讓在廚房裡洗碗變成一種令人興奮的經驗，可以參考博格希爾德・達爾（Borghild Dahl）這位學者在她的書中所介紹的方法。她人生的五十多年中幾乎失明，只有一隻眼睛勉強能看。讀書的時候，必須極力睜大這隻眼睛才能看清楚字。

然而，她拒絕被同情。她努力求學，並在哥倫比亞大學取得文學碩士學位，之後在數所大學任教。但在內心深處，她一直害怕自己會完全失明。

後來，她在著名的梅約診所接受手術，奇蹟出現了——她恢復了視力。突然間，一個令人興奮的美麗世界展現在她面前。當她在廚房裡洗碗時，肥皂泡看起來像是一個個小彩虹，洗碗這件事變得快樂無比，她也為這樣的喜悅向上帝獻上感謝。

我們應該感到羞愧。明明每天生活在如此美麗的世界中，卻因為我們視而不見，而錯過了那份感動。

110 以積極向上的態度生活

數年前，我在哥倫比亞大學研究所學習短篇小說寫作時，在教室裡認識了一位名叫露西兒・布雷克（Lucille Blake）的女性，聽她講了這樣一段話：

「過去我過著忙碌的生活，一邊在大學念書，一邊在演講課指導學生，還會舉辦音樂欣賞會，晚上則會參加各種派對，盡情享樂。

然而某天早上，我突然倒下了。醫生對我說：『請臥床休養一年吧。』我當下感到極大的不安，甚至忍不住哭了出來。但一位朋友來探望我，對我說：『妳覺得必須在床上躺上一年是場悲劇，其實並非如此。這是一次可以好好審視自己、在精神層面上成長的機會。』我聽了之後覺得很有道理，便下定決心要積極面對。

我開始懷著感激之情過生活：我有摯愛的女兒，有時間閱讀喜愛的書籍，有機會聽音樂、品嘗美食，也有好朋友在身邊支持我。自那之後已過了約十年，我的健康早已完全恢復。而那一年臥床的日子，對我來說，成為了人生中最寶貴的經歷。」

111

不憎恨敵人

若你憎恨敵人，就會被敵人所支配。敵人的掌控力甚至會影響到我們的睡眠、食慾、血壓、健康與幸福。

當敵人知道我們因為他而受苦時，必然會為自己的報復成功感到得意。無論我們懷有多強烈的憎恨，敵人本身並不會因此感到絲毫痛苦或不適，受害的只是我們自己。因為我們無論睡覺或醒著，都氣得無法平靜。

112
報復有害無益

「即使被自私的人利用，也不要發誓要報復，而是應該乾脆忘了那種人。因為若是打算復仇，受苦的只會是自己。」

這話聽起來也許像是在空談理想，但它實際上是張貼在密爾瓦基警察局內的一則公告內容。事實上，一旦決定對某人復仇，自己在各方面都會遭受痛苦。《生活》（LIFE）雜誌也指出，這樣的行為甚至可能損害健康。該雜誌的文章寫道：「高血壓患者的主要性格特徵之一，就是容易動怒。長期處於憤怒狀態的人，往往會發展成慢性高血壓，並容易引發心臟病。」

耶穌基督所說的「要愛你的敵人」，或許不只是出於道德教化的目的，更可能包含了促進健康的醫學智慧。祂可能是想教導人們如何預防高血壓、心臟病、胃潰瘍等各種疾病

113 充滿愛的內心造就美好的表情

耶穌基督說「要愛你的敵人」，或許也有另一層意圖，那就是教導民眾如何改善自己的外表。

我們身邊應該都有這樣的人：因為心中充滿仇恨而面容變得陰沉，因為懷恨在心而五官扭曲。即使努力保養外貌、投入美容，也比不上擁有一顆寬容、溫柔與充滿愛的心所帶來的效果。

敵人看到你的樣貌因憎恨而越來越醜陋，一定會露出滿意的表情吧。

114

善待自己

即使無法去愛敵人，至少也要愛自己。要珍惜自己，別讓情緒被敵人掌控。如此一來，就能避免因為對敵人懷有報復之心而讓自己陷入不幸，甚至損害健康。

莎士比亞也曾如此說過：「千萬別因為你的敵人燃起一把火，你就把自己燒死。」

115 拋棄仇恨

憎恨甚至會破壞用餐的樂趣。這是理所當然的。當你一邊懷恨在心一邊吃飯時，怎麼可能會有愉快的心情呢？

聖經上是這麼說的：「吃素菜彼此相愛，強如吃肥牛彼此相恨。」

116 謙虛帶來成果

住在瑞典的一位男性寄來了一封信。他為了躲避戰火，從奧地利移居到了瑞典。因為能說多國語言，他開始找工作，希望能當上貿易公司的駐外員工，但無論應徵哪家公司都遭到拒絕。其中一家公司的回信更寫著：「本公司並未徵求駐外人員，即便有，也絕不會僱用連瑞典語都寫得一塌糊塗的人。」

他讀到這封信後勃然大怒，立刻寫了一封反駁信。然而過了一會兒，他冷靜下來，心想：「的確，我的瑞典語可能還不夠好。既然對方願意指出這點，那我應該感謝他。」

於是，他撕毀了自己寫的回信，重新寫道：「感謝您上次指出我的錯誤。我會以此為契機，更加努力學習瑞典語。」

幾天後，他收到了一封通知要與公司會面的信。他前往公司後，最終得到了這份工作。藉由這次經驗，他深刻體會到「謙虛能帶來成果」。

117 原諒並忘記敵人

我們或許無法成為那種能夠愛敵如己的聖人，但至少，為了自己的健康與幸福，也該學著原諒敵人並把他們忘了。這才是更好的做法。

孔子曾說：「何以報德？以直報怨，以德報德。」

那麼，艾森豪將軍又是怎麼做的呢？有人曾問他的兒子：「你父親會有什麼討厭的人嗎？」兒子這麼回答：「我父親絕不會浪費哪怕一分鐘的時間去思考他不喜歡的人。」

118 不對任何人懷有敵意

有句古老的格言：「不動怒的人是賢者」。美國前紐約市長威廉・蓋諾（William Jay Gaynor）正是實踐這種方針的人。他不僅在報紙上遭受嚴厲批評，甚至還被一名精神異常者開槍射擊，身受重傷，但他躺在醫院病床上時仍說：「我原諒一切事與所有人。」

或許你會覺得這種態度過於脫離現實。但如果你這麼想，不妨聽聽以悲觀主義著稱的德國哲學家叔本華的意見。他曾說：「如果可以的話，不應對任何人懷有敵意。」

長期擔任政府經濟顧問的伯納德・巴魯克（Bernard Baruch）也曾被問到：「你是否曾為政敵的攻擊而煩惱？」他回答道：「沒有任何人會讓我煩惱或難堪。因為我從來不把那種事放在心上。」

119 不對任何人懷有怨恨或恨意

自古以來，人們一直對那些不對任何人懷有憎恨與怨念的聖者懷有敬意。我經常造訪的加拿大賈斯珀國家公園裡，有一座以英國護士伊迪絲 卡維爾（Edith Cavell）命名的美麗山峰。

一九一五年十月十二日，她因為在比利時的醫院中照顧英法兩國約兩百名負傷士兵，並協助他們逃往中立國荷蘭，而遭到德軍處以槍決。四年後，她的遺體被移葬至英國，並在西敏寺舉行追悼儀式。

如今，這位備受景仰的偉人，其花崗岩雕像矗立於倫敦國家肖像美術館的對面。雕像基座上刻著她在牢房中所說的一句話：「光有愛國心還不夠，不應該對任何人懷有憎恨或怨念。」

120 設定崇高的目標

寬恕並忘記敵人的確實方法，就是懷抱崇高的目標。如此一來，不管遭受多大的侮辱或敵意，也能坦然處之，因為自己的意識只會集中在目標上，無暇他顧。

以下是黑人牧師勞倫斯・瓊斯（Lawrence Jones）的一段事蹟。第一次世界大戰期間，他因被指煽動黑人同胞而遭白人團體逮捕。只因他在一次集會中呼籲：「我們黑人必須為成功而奮起抗爭」，引起部分白人的過度反應。

瓊斯懷抱著一個崇高的目標，那就是創辦學校，教育黑人孩童，將他們從貧困中拯救出來。在聽完他的說明後，白人領袖表示：「我們誤會他了，應該支援他而非譴責他」，隨即向群眾募款，並將集得的捐款交給瓊斯。

事後，瓊斯對此經歷如此表示：「我將熱情傾注於教育，因此根本沒有空閒與人爭執或互相仇視。」

121
不對任何人發怒

古羅馬的斯多葛派哲學家伊比鳩魯如此說道：

「我們將收穫自己播下的種子。從長遠來看，所有人終將因自己的惡行而受到某種懲罰。牢記這一點的人，不會對任何人生氣，不會對任何人發怒，不會咒罵任何人，不會責備任何人，不會攻擊任何人，也不會對任何人心懷敵意。」

122 理解對方並抱持同理心

在美國歷史上，大概沒有哪位人物像林肯那樣受到如此多的批評、仇恨與背叛。

然而，根據他的傳記記載，林肯並不以個人的好惡來評價他人。只要是為了成就有價值的事，即便對方是政敵，林肯只要判斷他有能力完成任務，就會予以任用。他從不因為某人是政敵或因為個人討厭對方就將其撤職。林肯也曾遭到自己任命的人羞辱。然而，他認為不該因此責怪對方。其理由是：「一個人的言行，與他的環境、處境、教育、習慣、遺傳有著密切關係。」

林肯所說的非常有道理。如果我們擁有與敵人相同的身體、精神、情感特質，而且也經歷了相同的人生，那麼我們應該也會做出與他相同的行為。因此，與其責備對方，不如試著去理解他、體諒他，並且感謝上天讓我們沒有變成那樣的人。

123 獲得內心平靜的祕訣

我是在一個閱讀聖經、經常祈禱的家庭中長大的。直到現在，我仍依稀記得父親常常重複的那句作為人生指引的教誨：

「要愛你們的敵人，為那咒詛你們的祝福，為那恨你們的行善，並為那逼迫你們的禱告。」

正因為父親身體力行這樣的教導，他得到了心靈的平靜，而這是一切權勢都無法賜予的恩典。

讓我再重申一次：不要試圖報復你的仇人。這樣做只會讓你受的傷比對方更重。正如艾森豪所說：「即使對我們不喜歡的人，也不應該浪費哪怕一分鐘的時間在他們身上。」

124 想法形塑人生

我所學到的最重要的教訓是，一個人日常所思所想會影響他們生活的成敗。換句話說，我們的思考創造了我們的人生，並決定了我們的命運。

思想家愛默生（Ralph Waldo Emerson）曾說：「一個人就是他整天所思考的東西。」

因此，我們面臨的最大挑戰是選出正確的思考方式。如果能做到這點，即便遇到任何問題，也可以找到解決之道。

羅馬五賢帝之一的馬可・奧理略也說：「人生是由你的思想所構成的。」

絕對正確。快樂的思想會帶來快樂的人生，不幸的思想則會導致不幸的生活。病態的思維會誘發疾病，失敗的思考會導致失敗。如果自我憐憫，就會被他人所厭惡。

125

比起擔憂，更該思考檢討

我絕不是主張對任何問題都採取樂觀輕率的態度。遺憾的是，人生並沒那麼簡單。

我主張的是，我們應始終保持積極的態度。換句話說，對於自身的問題，我們必須加以「思考檢討」，而不是陷入「擔憂」。所謂「思考檢討」，指的是理性地掌握問題的本質並冷靜應對；而「擔憂」則是指深陷於煩惱之中，以致情緒低落。

作家羅威爾・湯瑪斯（Lowell Thomas）即便在背負龐大債務時，也選擇了思考對策，而非陷入憂慮。他知道，如果自己被逆境打垮，不僅自己會受害，連債權人等其他人也會受到影響。因此，他每天早上都會在西裝的領口扣眼上插上一朵花，挺胸昂首地走在街頭。他始終維持積極思考，下定決心絕不向困難屈服。對他來說，挫折只是人生的一部分，是邁向成功的重要訓練。

126 心理影響生理

對心態的掌握能對體力產生令人難以置信的強烈影響。英國著名精神科醫師哈德菲爾德（J.A. Hadfield）曾舉出以下實例：

在正常狀態下測量三個男性的握力，平均為四十六公斤。然而，在給他們「非常虛弱」的暗示後進行測量時，平均值降至十三公斤，幾乎是正常水平的三分之一以下（其中一個人是拳擊手，但在接受「非常虛弱」的暗示後他感覺「像手腕縮短了」）。

最後，在給同樣三個男性以「非常強壯」的暗示後測量握力，平均值為七十六公斤。這意味著當他們有充滿力量的想法時，實際的握力幾乎翻了一倍。

這就是心態能夠帶來令人難以置信的力量。

127 改變思維足以治癒疾病

隨著時間的推移，我逐漸確信思想中蘊含的巨大力量。在長達三十五年致力於成人教育的歲月中，我見證了數百次人們通過改變自己的思維消除憂慮、治癒各種疾病，並徹底改變他們的生活。這種現象毫無疑問是真實存在的。由於我親眼目睹了如此多的例子，以至於再也不會對此感到驚訝。

128

克服自己的心態

聖經中寫道：「因為他心怎樣思量，他為人就是怎樣。」也寫道：「治服己心的，強如取城。」

129

心態是左右人生的關鍵

英國詩人約翰・米爾頓（John Milton）雖然失明，卻早在三百年前便洞察出「心態決定人生」的真理。他曾說過：

「心態可以把天堂變成地獄，也能把地獄變成天堂。」

米爾頓的這番話，由拿破崙與海倫・凱勒的例子得到了最清楚的印證。拿破崙曾擁有無數人夢寐以求的榮耀、權力與財富，卻在被流放至聖赫勒拿島時哀嘆：「我人生中快樂的日子不超過六天。」

與之相對，海倫・凱勒雖然又盲又聾，卻堅定地表示：「人生是非常美好的。」

130 內心的平靜只能靠自己獲得

如果說我在半個世紀的人生中學到了一件事，那就是：「能夠帶給自己心靈平靜的人，唯有自己。」

讓我們引用思想家愛默生的一句名言：

「政治上的勝利、收入的增加、與朋友的重逢——這些事件會讓人精神振奮，讓你以為接下來的日子一定會非常快樂。但別相信這種想法，因為事情並不是那樣的。能夠帶來內心平靜的，只有你自己。」

131

驅逐錯誤的思緒

古羅馬的哲學家伊比鳩魯曾說：「與其將膿從身體中排出，更應該專注於將錯誤的思維從心中驅逐。」

這句話是在一千九百年前說的，但現代醫學也支持這一觀點。約翰霍普金斯大學醫院的坎比．羅賓森（Canby Robinson）醫師指出：「五名住院患者中，有四人是因為精神壓力造成的症狀而受苦。」即使是器質性疾病，也常常與此有關。根據他的說法，這些症狀的根本原因在於患者無法妥善應對人生中的各種問題。

132 保持樂觀態度使心情明亮

讓我來介紹法國偉大思想家蒙田（Michel de Montaigne）的人生信條：

「人會因為自己對事情的想法而感到動搖，而不是因為事情本身。」

也就是說，不論發生什麼事，如何看待這件事取決於我們自己。換句話說，即使陷入困境、神經緊繃，只要運用自己的意志力，就能改變心態。

祕訣其實非常簡單。曾在哈佛大學任教的偉大心理學家威廉・詹姆斯（William James）說道：

「當你失去開朗時，找回它的最佳方式就是：表現得像個開朗的人。」

即使只是這樣簡單的小技巧，卻會帶來驚人的效果。你可以試著做做看——臉上掛著微笑、挺直背脊、深呼吸，輕哼快樂的歌。當你以開朗的姿態行動時，想要持續低落的情緒在身體上幾乎是不可能的。這可以說是足以為人生帶來奇蹟的真理之一。

133

以樂觀態度走出死亡陰影的人

有一位中年男子罹患重病，血壓升得很高。醫生告訴他：「你的收縮壓高達兩百一十四，這是致命的數值，請立刻處理身後事。」

「我馬上回家，安排好讓家人能領到保險金。我變得沮喪，只想到悲觀的事情，讓身邊的人也變得不幸。但在憐憫自己整整一週之後，我對自己說：『不能再做這種傻事了。我大概還有一年能活，至少在這段時間內要表現得開朗一些。』」於是，我挺起胸膛，臉上掛上笑容。雖然一開始得強迫自己，但當我開始表現得開朗，不只是家人，連我自己也變得心情愉快了。現在我不僅活過了醫生預告的餘命，還過得很幸福，血壓也降下來，健康得很。如果我當時持續消沉下去，可能真的會如醫生所說那樣死去。我深刻體會到：只要改變心態，身體也能康復。」

如果光是表現開朗就能挽救性命，那我們也應該表現得開朗，讓自己和身邊的人都過得幸福。不該沉溺於悲觀思想，還讓他人一同被拖累。

134 改變思維，就能改變狀態

英國著名哲學家詹姆斯・亞倫（James Allen）曾說：

「只要改變自己對事物和周遭人們的想法，你將會發現，事物和人們也隨之發生改變。

若能徹底地轉變思維，人生的實際處境也會發生劇烈的變化。人不是吸引自己所渴望的事物，而是吸引與自己『所是之人』相符的事物。人所能達成的一切，都是其思想的直接結果。唯有提升自己的思維，人才能成長、克服困難並實現目標。如果不試圖提升思維，就只能一直保持脆弱而可悲的狀態。」

135 透過行動改變思維

根據聖經《創世記》，創造的上帝將整個世界的統治權賜予了人類。這是極為強大的恩賜。

但我對那樣的特權並無興趣。我所渴望的，是能夠統御自己。我想要掌控自己的思想，控制自己的恐懼，支配自己的內心與靈魂。令人欣慰的是，我隨時都可以這麼做。我只需要掌控自己的行為，因為只要行為受到控制，思想與心態也會隨之改變。

136

將恐懼轉變為鬥志

讓我們記住著名心理學家威廉．詹姆斯的一句話：

「多數所謂的不幸，其實都能轉化為應該感恩的幸福。只要將我們面對它時的心態，從恐懼轉為奮鬥的意志即可。」

那麼，讓我們為了幸福而奮戰吧。

137

即使無法入睡也不必擔心

如果你正為「睡不好」而煩惱，這裡有一個有趣的事實可以讓你放心——知名律師薩繆爾・溫特梅（Samuel Untermyer）一生中從未真正熟睡過。

他在大學時期就因為氣喘與失眠而感到憂心，但發現無論怎麼煩惱都無濟於事，於是乾脆放下焦慮，反而善用無法入眠的時間持續用功。結果，他以優異成績畢業於紐約市立大學。

成為律師後，他依然失眠，但選擇順其自然，不再焦慮。儘管睡得很少，他卻健康無虞，反而比其他律師工作得更多，最終成為當時收入最高的律師之一。

因為習慣性失眠，他經常工作到深夜，清晨五點又起身開始新的一天。等到大多數人剛上工時，他早已完成將近一半的工作。雖然一輩子沒真正熟睡過，他卻健康地活到了八十一歲。倘若他始終為失眠憂心忡忡，恐怕早早就拖垮身體了。

138 睡眠需求因人而異

我們一生大約有三分之一的時間都在睡眠中度過。儘管人人都知道「睡眠能修復身體的損傷」，但真正了解睡眠本質的人卻少之又少。甚至連「到底需要睡多久才算夠」這個問題，也沒有絕對的答案。

曾有一位名叫保羅・卡恩（Paul Kern）的士兵在戰爭中頭部受傷，雖然傷口痊癒了，卻出現了罕見的情況：他完全無法入睡。無論醫生給他多少種類的安眠藥或鎮靜劑，都無法讓他昏昏欲睡。醫生們一度認為他活不久，但他卻成功就職，並在接下來的數年間健康地生活著。他雖然會躺下休息、閉目養神，但完全沒有真正睡著過。這個案例打破了我們對睡眠的常識，也成為醫學上的謎團。

事實上，每個人所需的睡眠時間差異很大。例如義大利指揮大師托斯卡尼尼（Arturo Toscanini）每天只睡五小時；而前美國總統卡爾文・柯立芝（Calvin Coolidge）則每天睡足十一小時。這也代表，托斯卡尼尼一生中僅有約五分之一的時間在睡覺，而柯立芝則幾乎用了人生的一半在睡眠中。

139 不要為睡不著而煩惱

失眠本身的危害，遠不如對失眠的焦慮來得嚴重。有位男子差點因慢性失眠而自殺。他說：

「我原本睡得很好，但後來因為常常睡過頭遲到，擔心會被公司開除，於是開始把注意力集中在鬧鐘上，結果反而導致失眠。隔天早上總是無法恢復精神，這種情況持續了兩個月，簡直像被酷刑折磨。我曾經整晚徘徊於屋內，甚至一度認真想從窗戶跳下來結束痛苦。

我去看醫生，醫生說：『如果睡不著，那就乾脆放下這個念頭。即使無法入睡，只要閉上眼睛、躺在床上休息也就足夠了。』

我按照醫生的建議去做，結果兩週後，我開始能夠入睡；一個月後，我已經可以一覺睡足八小時。」

這位男性的例子證明了對失眠症過度擔憂比失眠本身更為有害。

140

該克服的是焦慮，而非失眠

任職於芝加哥大學的納撒尼爾．克萊特曼（Nathaniel Kleitman）博士是睡眠研究的權威。他指出，從來沒有哪個人是因為失眠而死的。的確，失眠有可能導致體力下降，但那真正的原因並不是失眠，而是焦慮。

克萊特曼博士說：「大多數情況下，那些擔心自己失眠的人，其實睡得比自己想像的還要多。」因此，就算有人喊著「我昨晚一夜都沒睡」，也有可能其實不知不覺中已經睡了好幾個小時。

例如，19世紀著名的思想家赫伯特．史賓塞（Herbert Spencer）經常不停地談論自己失眠的事，讓周圍的人聽得很厭煩。某天晚上，他與牛津大學的賽斯教授共住一間旅館房間。隔天早晨，史賓塞說：「我一整晚都沒睡著。」但實際上，真正一夜沒睡的是賽斯教授。因為史賓塞整晚鼾聲如雷，讓賽斯教授完全無法入睡。

141

祈禱是熟睡的條件

能夠熟睡的首要條件是感到安心。在英國醫學會的演講中，湯瑪斯・希斯洛普（Thomas Hislop）醫生說道：

「透過多年的臨床經驗，我得出一個結論：祈禱是促進睡眠最有效的方法之一。

對於那些習慣性祈禱的人來說，祈禱能讓混亂的心靈平靜下來，讓緊張的神經得到舒緩，這是最合適的方式。」

142

解除全身的緊張

大衛・芬克（David Finck）醫生認為最有效的方法是「與自己的身體對話，讓其放鬆」。他指出，語言暗示起著關鍵作用：如果連續幾天失眠，很可能是因為我們在說服自己患有失眠。

要改善這種狀態，必須打破消極的自我暗示。需要對全身的肌肉進行放鬆指令。

因為肌肉緊張會引發精神上的緊張，所以如果想要入睡，應從緩解肌肉緊張開始。將枕頭放在雙膝下放鬆雙腿；再在每只手臂下放一個小枕頭放鬆雙臂；然後對顎、眼睛和四肢說話，讓它們放鬆。這樣就能不知不覺中入睡。

我試過這種方法，效果確實很好。如果你失眠，請務必試一下。

143 無法入睡時就讓自己筋疲力盡吧

治療失眠最有效的方法之一，是讓自己在身體上感到疲勞。例如從事園藝、游泳、網球、高爾夫、滑雪，或者單純地從事體力勞動，都是不錯的方法。這正是作家西奧多・德萊塞（Theodore Dreiser）曾實踐的方式。他在剛出道時歷經艱辛，因為對未來感到不安而患上失眠症，於是他開始從事土木作業，結果在一天工作結束時筋疲力盡，甚至不吃晚飯就直接入睡了。

只要疲勞到一定程度，自然就能入睡。即使面臨多麼危險的情況，只要徹底疲憊，人就會進入沉睡狀態。著名的神經科醫師福斯特・甘迺迪（Foster Kennedy）指出，他在第一次世界大戰期間，親眼見到英國士兵在撤退過程中因為過於疲勞而如同昏睡般沉沉睡去的樣子。

144
即使無法入睡也不會死掉

至今沒有任何人是因為「無法入睡」而自殺的，而且今後也不會出現這樣的人。因為人類本來就是會自然入睡的生物。

著名心理學家亨利・林克（Henry Link）博士曾與許多因憂慮而陷入抑鬱狀態的人談話。他對其中一位男性說：「反正你都打算自殺了，那不如像個英雄一樣死去，跑到倒下為止吧，這樣至少看起來還比較帥氣。」因為要是開始跟他辯論，事情反而會變得更複雜。

那位男性照做了幾次，但每次奔跑後心情都變得更好。第三天，正如林克博士所料，他因為體力透支而熟睡了一整夜。此後，這名男子加入了體育俱樂部，甚至開始參加比賽，不僅身心變得健康，還產生了「我想繼續健康地活下去」的想法。

145 透過忙碌的生活療癒悲傷

有一位男性因失去五歲的愛女而悲痛欲絕。他悲傷得夜不能寐，甚至失去了繼續活下去的信心。醫生建議他服用安眠藥或外出旅行，但都沒有幫助。

「幸運的是，我還有一個四歲的兒子，他教會了我解決的方法。某天，我一直坐在椅子上沉浸在悲傷中，兒子跑過來說：『幫我做一艘船。』我悲傷得什麼都不想做，但他一再央求，我只好答應幫他做一艘玩具船。

做那艘船大約花了三個小時。這是我久違地專注於某件事的時候，我意識到，只要沉浸在行動中，就沒有空閒去悲傷。於是我決定讓自己一直忙碌。

隔天晚上，我在家裡巡視一圈，列出需要修繕的地方，結果發現樓梯、書架、水龍頭等竟然超過兩百處。接下來的兩年裡，我修繕了其中大部分。此外，我還積極參與市民活動與慈善事業，讓自己持續保持忙碌，現在的我根本沒有空去煩惱。」

146 人腦一次只能處理一件事

為什麼只要一直讓自己忙碌，就能消除不安呢？這是因為根據心理學的基本法則，即使是再優秀的人，大腦一次也只能專注於一件事。

如果你不相信，請做個實驗看看。閉上眼睛，同時想像「自由女神像」和「明天的預定行程」。你大概會發現這是不可能的。你也許可以交替浮現這兩個念頭，但無法同時想像兩件事。

這件事同樣適用於情緒狀態。你無法在同一時間內既想著令人興奮的開心事，又想著讓人悲傷的煩惱。

一位軍醫在面對經歷戰爭創傷的士兵時，就採用了「讓他們保持忙碌」這種治療法。他讓士兵們投入釣魚、狩獵、棒球、高爾夫、跳舞、攝影、園藝等嗜好中，讓他們沒有時間被創傷折磨。

147 工作作為治療藥物

所有精神科醫師都知道，從事工作並讓自己保持忙碌，對於精神狀況不佳的人非常有效。詩人亨利・華茲華斯・朗費羅（Henry Wadsworth Longfellow）在一場火災中失去年輕的妻子時，自己就發現了這一點。

起初，他極度沮喪，但為了撫養年幼的孩子，他一人分擔了父母雙方的角色，藉此克服了悲傷。他帶孩子們散步，講故事給他們聽，還一起玩遊戲。此外，他還翻譯了但丁的詩集，在持續不斷的忙碌中，重新找回了內心的平靜。

148

超越悲傷的祕訣

英國詩人丁尼生（Tennyson）在失去摯友詩人亞瑟・哈勒姆（Arthur Hallam）後，這樣表達自己決心克服悲傷的意志：

「我必須讓自己不斷地忙碌，否則將被絕望壓垮，身心都會衰弱。」

149

閒暇會讓焦慮趁虛而入

大多數人不需要特別努力，就能夠讓自己忙碌起來。只要全心投入每天的工作即可。

然而，真正的危險是在工作結束之後的時間。原本應該是享受閒暇、感受幸福的時光，卻常常被惡魔般的焦慮悄悄侵入。結果，人們會開始煩惱自己接下來該怎麼辦，反覆思索上司說過的話，擔心自己會不會生病等等。

如果不讓自己忙碌起來，內心就會陷入一種「真空狀態」，各種雜念便會乘虛而入。憂慮、恐懼、憎恨、嫉妒、羨慕等負面情緒擁有強烈的力量，會把心中原本的平靜與幸福徹底掃蕩殆盡。

150

專注於工作以獲得平靜

哥倫比亞大學的教育學者詹姆斯・馬瑟爾（James Mursell）教授如此主張：

「只要在活動中，就不會變得焦慮；但一旦結束一天的工作，焦慮就會開始抬頭。因為想像力開始肆意奔馳，種種妄想一一浮現，導致人們把微不足道的事情想得非常嚴重。心靈就像無負載運轉的馬達般高速旋轉，甚至可能將你推向毀滅的邊緣。要治好焦慮的方法，就是找到有建設性的事物，全心投入其中。」

即使不是大學教授，也能察覺這個真理。有一位女性因為兒子被派往戰場而感到擔憂，為了讓自己持續忙碌，她解雇了女傭，全力投入家務。但即便如此，焦慮仍未緩解，於是她決定到百貨公司擔任店員。

「這真的非常有效。我整天忙著應對顧客，忙得不可開交，回到家吃過晚飯後早已筋疲力盡，一倒頭就睡，根本沒有時間煩惱。」

當人們全心投入工作時，心靈會感到安定與平靜。

151 減少沉浸在悲傷中的時間

世界知名的探險家歐莎・強森（Osa Johnson）總是與丈夫一起周遊世界，拍攝了多部描繪亞洲與非洲即將消逝的自然景觀的電影。返回美國後，她經常舉辦演講會。

然而，有一次夫妻倆搭乘飛機時發生墜機事故，丈夫在事故中身亡，她本人則重傷。醫生告訴她：「很遺憾，您將終生臥床不起。」但三個月後，她便坐著輪椅在數千名觀眾面前演講。之後，她又坐著輪椅進行了一百多場演講。

當我問她為什麼要這麼做時，她回答：「是為了減少沉浸在悲傷中的時間。」

152

設定明確的目標

李察・艾佛林・柏德（Richard Evelyn Byrd）海軍少將曾探索廣袤的南極大陸，在那裡，他獨自一人度過了長達五個月的時間，住在被積雪掩埋的小屋中。即使在白天，四周也如夜晚般漆黑，寒冷刺骨幾乎要把人凍僵。為了維持正常的精神狀態，他每天都會粗略地規劃隔天的行程：一小時挖掘逃生用的隧道、一小時鏟雪、一小時維護油桶、兩小時修理雪橇，諸如此類。

回顧當時的情況，他說道：

「能夠這樣安排時間真是太好了。要是沒有明確的目標，我的日常生活一定會崩潰。」

這句話蘊含著深意：如果沒有明確的目標，日常生活必定會崩潰。我們應該將這句話牢記在心。

153 偉大的人物因忙碌而無暇為難事煩惱

英國首相邱吉爾奉行的處世之道，是「忙碌到沒有時間擔憂」。在戰爭期間，他每天親自指揮多達十六個小時。當有人問他：「您曾經為國家的存亡感到擔憂嗎？」他回答：「我太忙了，根本沒有時間擔憂。」

曾任通用汽車研究所所長的副總裁查爾斯・凱特林（Charles Kettering），作為發明家在開發汽車引擎時，也忙得無暇煩惱。當時他非常貧困，妻子曾說：「我因為擔憂而夜不能眠。」但他本人卻說：「我正忙於工作，根本沒時間擔憂。」

法國偉大的科學家路易士・巴斯德（Louis Pasteur）在實驗室專心做研究時，找到了內心的平靜。那是因為在專注研究的時候，沒有時間去擔憂自己的事。研究者極少罹患神經衰弱，因為他們根本沒有這樣的餘裕。

5

不因批評而屈服

154
批評是稱讚的反面

一九二九年，一件事引發了全美教育界的關注——名叫羅伯特‧哈欽斯（Robert Maynard Hutchins）的年輕人被任命為芝加哥大學校長。他曾一邊當服務生、伐木工、家庭教師、推銷員，一邊賺取學費完成耶魯大學的學業。從畢業到就任校長僅僅過了八年，他便以三十歲之齡成為芝加哥大學的校長，因而遭到許多年長教育者的批評，認為他「太年輕」、「經驗不足」。各大報紙也紛紛撰文抨擊。

在就任典禮當天，一位朋友對哈欽斯的父親說：「今天早上我在報紙的社論裡讀到對你兒子的批評，實在很震驚。」哈欽斯的父親回答：「確實是嚴厲的批評，但沒有人會去攻擊無足輕重的人。」

原來，人們往往透過攻擊重要人物來獲得心理上的滿足。這麼做，是為了讓自己覺得高人一等。

155

低俗之人總是詆毀偉大的人物

前些日子，有位女性寄來一封信，批評威廉・布斯牧師。信中聲稱，布斯牧師將原本用來濟助貧困者的募款私自挪用。當然，這完全是無稽之談。這名女子是從詆毀一位社會地位比自己高的人那裡，獲得一種心理上的快感。我把這封惡意滿滿的信扔進垃圾桶，並且感謝上帝我沒有娶這樣的女人為妻。

這封信揭露的並不是布斯牧師的人格，而是這位女子的品格。德國哲學家叔本華曾說過：「低俗之人會從貶低偉人當中獲得莫大的快樂。」

耶魯大學的校長當然不是低俗之人，但曾任該校校長的提摩西・德懷特（Timothy Dwight）卻曾經對某位總統候選人極盡批評之能事，甚至公開表示：「像這樣道德敗壞之輩若當上總統，社會風氣將會敗壞。」這種言詞聽起來彷彿是在譴責希特勒，但其實矛頭所指，竟是美國《獨立宣言》的主要起草人、民主主義的守護者——湯瑪斯・傑佛遜（Thomas Jefferson）。

156 人性自古至今未曾改變

被批評為「比殺人犯稍微好一點的偽君子」的美國人是誰？報紙上的諷刺漫畫描繪了這個人被綁在斷頭臺上，接受群眾怒罵的情景。這個人究竟是誰？正是美國的第一任總統，喬治・華盛頓。

這是很久以前的事情了，所以人們可能認為如今人性的本質已經改善了。那麼，我們來看看美國海軍的羅伯特・皮里（Robert Peary）少將作為例子。1909年，他成功到達北極點，震驚了全世界。然而，他的上司們因嫉妒他的名聲而指控他「挪用調查資金，並在北極過著悠閒的生活」。也許他們當時是真的這麼相信，因為他們貶低這位下屬皮里的決心之堅定可見一斑。儘管如此，他仍能繼續在北極行動，是因為有時任總統麥金利的支持。

如果皮里少將只是默默在海軍裡努力工作，或許他就無法獲得那樣的名聲，自然也不會招致上司們的嫉妒了。

157 追求虛榮心的人們

威爾斯親王（後來的英國國王愛德華八世）在十幾歲時進入海軍學校，接受為期兩年的教育。有一天，一名軍官發現他在哭泣，便詢問原因。起初他緘默不語，但後來坦白自己遭到同學霸凌。

校長得知此事後認為情況嚴重，便召集那些學生，問道：「雖然威爾斯親王沒有抗議，但你們為什麼要欺負他？」

那些少年起初含糊其詞，但在嚴厲追問下終於承認事實，並表示：「我們這樣做，是因為將來若我們成為海軍司令或艦長時，就可以誇口自己曾經欺負過未來的國王。」

原來，人類的本性中確實存在這樣的一面。也就是說，當看到某人地位較高或取得成功時，有些人會選擇批評或羞辱那個人，從中獲得一種扭曲的滿足感。

158 對不當批評的心理準備

格蘭特將軍（Ulysses S. Grant）曾因上司們的嫉妒而遭受慘痛的對待。一八六二年，北軍的格蘭特將軍在南北戰爭中取得勝利，成為英雄，受到民眾的熱烈歡呼。然而，大約一個月後，他卻被逮捕並被解除軍隊指揮官的職務，屈辱與絕望使他忍不住痛哭。

為什麼格蘭特將軍在立下戰功後卻會被逮捕呢？那是因為他招致了傲慢上司們的嫉妒。如果你擔心會遭受不當批評，那就請牢記以下兩件事：

❶ 多數情況下，不當的批評其實是讚賞的另一種形式。
❷ 若是一文不值之人，沒有人會特地批評他。

159 被批評時不要動搖

斯梅德利・巴特勒（Smedley Darlington Butler）少校年輕時，只要稍微受到批評就會深受打擊，但在海軍服役三十年之後，不論聽到什麼批評都已經能夠處之泰然了。

然而，大多數人並沒有那樣的達觀。多年前，紐約的一位新聞記者來旁聽我所開的成人教育課程，之後寫了一篇帶有嘲諷的文章。我感到這是對我的人身攻擊，便打電話向報社高層抗議，請求他們不要嘲笑，而是寫出事實。

現在回想起來，我對當時的行為感到羞愧。因為，買了那份報紙的人中，有一半根本不會讀那篇文章；即使讀了的人中，也有一半會把它當作無傷大雅的玩笑；而即便是笑了的人，也會在不久後就忘記這件事。

人們其實並沒有那麼在意你我。事實上，他們只在乎自己。就算你或我去世了，人們也會對自己那點微不足道的頭痛更感興趣。人類就是這樣的存在。

160 就算被朋友背叛也不要感到失望

你或我若被六位朋友中的一人背叛，也不必因此而感到哀嘆。

請想想耶穌基督所遭遇的事：在祂的十二位門徒中，有一人為了區區賄賂而背叛了祂；另有一人則在祂遭遇困境時，立刻離棄祂，裝作不認識。

即使是耶穌，也有每六人就有一人背叛的比例。既然如此，你我若遇到六人中有一人背叛，也應坦然面對，不必耿耿於懷。

161

做自己認為正確的事

雖然無法阻止他人對你不當的批評，但學會不受其影響是非常重要的。

我曾詢問美國總統富蘭克林・羅斯福的第一夫人愛蓮娜・羅斯福（Anna Eleanor Roosevelt）女士：「妳是怎麼應對不當的批評呢？」讓人驚訝的是，她坦言自己經常遭受這樣的批評。或許，是因為她樹敵太多了。

她在年幼時其實非常內向，總是擔心別人對她的看法。為此，她曾向一位姑媽請教對策。姑媽給她的建議是：「只要你內心確信自己是對的，就沒必要在意別人怎麼說。」

之後，即使在擔任外交官的期間，她也始終秉持著這個信念：「做你內心認為正確的事吧。做了會被批評，不做也會被批評。無論如何，你都無法避免批評。」

這就是她給出的忠告。

162
在任何時候都盡最大的努力

當我問到企業家馬修．布拉許先生「你對批評敏感嗎？」時，他這樣回答我：

「年輕的時候確實非常敏感。因為我想得到所有員工的喜愛。當我做不到這一點時，真的很苦惱。讓一方滿意時，另一方就會表示不滿，總是如此反覆。

但當我意識到，身居高位的人必然會受到批評時，心情就輕鬆多了。從那之後，我始終盡自己所能做到最好，無論受到什麼批評，我都不再被影響，而是坦然面對並一笑置之。」

163

透過謙虛地請求批評而成為億萬富翁的人

有一位推銷員，曾以謙虛的態度主動尋求批評。他剛開始在高露潔公司擔任業務員時，販售肥皂的訂單少得可憐，讓他擔心自己會因此失業。他很清楚問題不在肥皂本身，也不是價格不合理，因此他判斷問題出在自己身上——是說明不夠清楚嗎？還是缺乏熱情？

於是，他開始偶爾向客戶的採購負責人直接詢問：

「我今天回來，並不是為了硬要賣肥皂，而是想請教您一些建議。我剛才的說明有哪裡不清楚嗎？我很希望能聽聽像您這樣有經驗、有實績的人的意見。請不要客氣，儘管指出來。」

藉由這種態度，他贏得了客戶的信賴，也收到了許多中肯的建議。然後發生了什麼事呢？

這位名叫愛德華・李特爾（Edward Little）的人，後來成為將高露潔發展成全球最大肥皂公司的關鍵推手，也因此成為全美頂尖的億萬富翁。

164

成大事不拘泥細節

我們之所以常為瑣事煩惱，是因為總是把它們看得太嚴重了。

英國政治家班傑明・迪斯雷利（Benjamin Disraeli）曾說：「人生太短，禁不起為小事糾結。」

法國作家安德烈・莫洛亞（André Maurois）表示：「正是因為這句話，我才能度過許多艱難的經歷。」

他這麼解釋原因：

「我們往往容易被微不足道的事情牽著走。但仔細想想，我們的人生最多也不過只剩幾十年。既然如此，又何必為那些連自己都可能在一年內就會忘記的小事煩惱、浪費寶貴的時間呢？我們應該把人生奉獻給崇高的理想、真摯的情感，以及值得投入的工作。因為——人生太短，實在不值得為瑣事糾結。」

165

對周圍的人給予幫助

奔向精神科醫尋求協助的人當中，大約有三分之一，其實只要對幫助他人產生關心，也許就能靠自己的力量痊癒。這並不是我的看法，而是精神分析學家卡爾・榮格（Carl Jung）所指出的。

他這麼說：

「我有約三分之一的病人，實際上並不能被診斷為精神官能症，他們只是因為過著空虛的生活而感到煩惱。」

這些人不願意去幫助別人，只想著要從他人那裡獲得協助。於是他們就前往精神科醫師那裡，將自己內心的空虛和不滿全都傾瀉出來。

166 通過助人克服霸凌的孩子

有一位男子，幼年時父母雙亡，被一對農夫夫婦收養。不過，上小學後，他遭到其他孩子欺負，常常放學回家後哭泣不止。養父對他說：「你要記住，比起因為生氣而打架，轉身離開反而更顯得有氣度。」

「有一天，我戴著養父幫我買的新帽子去學校，很得意地向同學炫耀。結果一個體型壯碩的女孩搶走了帽子，還往裡面倒了水，嘲笑我說：『讓你空空的腦袋降降溫吧。』我當下雖然沒哭，但回到家後忍不住痛哭了一場。這時，養母教了我一個把敵人變成朋友的方法。她說：『努力學習，然後幫助其他孩子，這樣他們就不會欺負你了。』」

於是，我開始認真念書，考取班上第一名，並幫助其他孩子寫作文、做數學作業。上學和放學途中，我還不只幫忙養父母，也協助鄰居的農務，獲得大家的讚賞。在努力幫助別人、忙碌充實的生活中，我發現自己不再為那些煩惱所困，學校裡也不再有人欺負我了。」

167 傾訴煩惱以淨化心靈

根據波士頓診所的羅斯・希爾法迪（Rose Hillfeder）醫師的說法，減輕煩惱最有效的方法之一就是「向他人傾訴心事」。希爾法迪醫師說：

「我稱這個過程為『心靈的淨化』。當病人來到診所時，我會讓他們詳細談談心裡的煩惱，藉此讓他們感到輕鬆些。因為一個人長期壓抑煩惱，最終有可能會導致精神疾病。我們都需要一個能夠傾訴的人。能感受到有人願意傾聽並理解自己，這一點是非常重要的。」

我的助手曾在波士頓診所親眼見證這樣的例子。一位女性因為家庭問題而面容陰鬱地前來就診，但在傾訴的過程中逐漸平靜下來，最後甚至露出了微笑。

那個問題是否就此解決了呢？當然沒那麼簡單。但可以確定的是，能將煩惱說出來並獲得一點點同情與理解，讓她的心情大大地輕鬆了許多。

168

攜帶筆記本

❶把能讓心情振奮的名言或詩句抄寫在筆記本上。下雨天若心情低落，就翻開筆記本讀一讀，驅散陰鬱的情緒，一整天都會以明朗的心情度過。

❷訂立隔天的計劃。許多人常被每天大量的工作或家務壓得喘不過氣，總覺得時間不夠用、事情做不完。這時，不妨每天晚上在筆記本上寫下隔天的行程安排。這樣不但能提升工作效率、帶來成就感，還能減輕壓力，讓人身心輕鬆。

169

改善人際關係的心得

❶不要老是糾結於對方的缺點。你的伴侶確實可能有不少缺點，但請想一想，如果他或她真的完美到沒有一絲缺點，那麼也許根本不會選擇和你結婚。有位女性曾被問到「如果丈夫過世了怎麼辦？」她因此深受觸動，反省自己過去總是對丈夫唸個不停，便開始列出丈夫的優點，結果重新想起了丈夫身上的諸多魅力。

❷主動與鄰居互動。帶著真誠關心的態度，友善地與鄰居打招呼、交流。有個人曾經自視甚高，從不跟鄰居打招呼，也因此過著孤單且多病的生活。但當他改變態度，開始親近鄰居之後，煩惱也漸漸消失了。

170

輕鬆緩解緊張的方法

這裡介紹一個在家中輕鬆放鬆身心的方法，不僅能消除疲勞，也有助於延緩老化。建議每天進行兩次：

❶感到疲憊時，請平躺在地板上，伸展全身。就算只是簡單地躺下也沒關係。

❷閉上眼睛，默念：「太陽閃耀，天空清澈湛藍，大自然美麗和諧，而我正與宇宙同頻共振地活著。」

❸如果沒有時間躺下，也可以坐在椅子上，挺直背脊，雙手自然垂放在大腿上。

❹放鬆雙腿的肌肉。

❺慢慢地做深呼吸，這是最能安定神經的方式。

❻放鬆緊皺的眉頭與緊繃的嘴角。

171 謙虛能將批評轉變為稱讚

如果有人指出你的缺點，而你覺得對方說得有道理，那麼請壓抑住想要為自己辯解的衝動。為自己辯護是誰都能做的事，實際上，愚蠢的人更常急著為自己辯解。比起那樣做，不如選擇謙虛下來。

例如，你可以這麼說：

「其實，我還有很多其他做得不好的地方。如果您全都知道的話，大概會更嚴厲地批評我吧。」

這麼一來，對方很可能會被你的謙虛打動，不再批評你，反而對你產生讚賞之意。

172 被批評時謙虛地反省自己

如果你覺得自己受到了不當的批評，心中湧起怒火，那就先停下來，對自己這麼說：

「等等，先冷靜一點。我並不是一個完美無缺的人。連愛因斯坦都承認自己的想法有九成九的機率是錯的。那麼，我大概至少有八成的可能是錯的吧。也許，我現在所受到的批評其實是合理的。如果是這樣的話，我應該感謝對方指出問題，並謙虛地反省才對。」

173

從批評中學習教訓

一位知名的廣播電臺社長表示，他習慣閱讀的不是讚美信，而是批評信。這是因為他堅信，若想獲得寶貴的教訓，就應該閱讀批評信。

被稱讚當然令人開心，但若能從批評中汲取許多教訓，就能促使自己成長。

174 想像未來的自己來反思當下的自己

法國哲學家法蘭索瓦・德・拉羅希福可（Francois de La Rochefoucauld）曾說：「關於自己，我們的看法往往不如別人的看法來得接近真相。」

我深有同感，這句話確實是真理。儘管如此，每當別人開始批評我時，我總是會下意識地想為自己辯護，結果每次都會陷入自我厭惡之中。

人們普遍都不喜歡被批評，而喜歡被稱讚，這與批評或稱讚的內容是否正確無關，因為我們並非理性的動物，而是情感的動物。大多數人都相信自己是對的，但若干年後回顧當下的自己，也許我們會忍不住發笑。

以知名報社總編威廉・懷特（William Allen White）為例，他說自己每次回顧半個世紀前的言行，都會覺得當時的自己愚蠢至極、不堪回首。或許，二十年後的我們，也會對現在的自己有著同樣的感受。

175 就算被當成「大傻瓜」也不生氣的林肯

如果有人罵你是「大傻瓜」，你會怎麼做呢？你會勃然大怒嗎？你會對那人產生反感嗎？當林肯被陸軍部長史坦頓（Edwin McMasters Stanton）稱作「大傻瓜」時，他沒有生氣，而是這麼說：

「如果他這麼說了，那我一定真的是個大傻瓜。因為他通常講的話都很有道理。我應該稍微停下來，反省一下自己。」

後來，林肯親自去見史坦頓，並採納了他的建議。林肯總是虛心接受那些出於誠意、基於事實的批評。

你我也應該學習這種態度。畢竟，我們自己能做到正確的機率恐怕連四分之三都不到——就連西奧多・羅斯福當總統時也這麼說過。而愛因斯坦更是坦率地承認，他的想法有九成九的機率是錯的。

這提醒我們，面對批評時應保持開放和反思的心態。

176 一點點改進自己缺點的富蘭克林

被譽為萬能天才的班傑明・富蘭克林，每晚都認真地進行反省。他發現自己有十三大缺點，其中三個是浪費時間、對小事煩惱、與人爭論辯駁。

他明智地意識到，如果不糾正這些缺點，就無法取得偉大的成就。因此，每周挑選一個缺點克服，並記錄結果。他堅持這樣的積極進取已經超過兩年時間。

因此，富蘭克林能夠成為美國最受愛戴和影響力最大的人之一，也不足為奇。

177 持續進行自我分析

H・P・豪威爾先生幾乎沒有受過正式教育，從小店的僱員起步，到最後在多家大公司擔任董事。他認為自己成功的祕訣是這樣的：

「我多年來每天在筆記本中記錄自己的工作內容，並在每週六晚上回顧當週工作，進行自我分析，問自己：『我犯了哪些錯誤？』、『哪些地方可以做得好？』、『怎樣才能改進？』有時我對自己的失誤感到驚訝和羞愧。但隨著時間推移，我的失誤逐漸減少。我認為這個堅持多年的自我分析習慣是我成功的最大因素。」

178 從不忘記失敗的責任在自己身上

我一直以「自己愚蠢的失敗」為題，記錄著個人的錯誤。某些失誤我會口頭告訴祕書並請她記錄，但對於那些連祕書都不好意思說出口的丟臉錯誤，我就自己親筆記下來。

至今，我仍然清楚記得十五年前寫下的那些失敗。如今我能夠理解聖保羅所說「我曾多次愚昧行事，犯下大錯」的心情。

每當重新閱讀那些記錄，我就更深刻地明白：最大的課題就是「自我管理」。過去，我常把問題怪罪到他人身上。但現在我知道，我人生中大部分的不幸，其實都是自己造成的。

據說被流放至聖赫勒拿島的拿破崙曾說：

「我垮台的原因不在於他人，而在我自己。我是自己最大的敵人，最終是我親手掘好了自己的墳墓。我悲慘命運的根源就是我自己。」

編譯者後記

本書是根據一九四四年出版的美國自我啟發大師戴爾・卡內基的經典名著《人性的優點》（How to Stop Worrying and Start Living）的初版所編輯而成。順帶一提，在日本廣為人知的版本，是根據一九八四年由其遺族修訂的原書所翻譯的。而這部初版中，收錄了許多修訂版所未收錄的、有趣的逸事。

卡內基的著作中，以《人性的弱點》（How to Win Friends and Influence People，又譯：卡內基溝通與人際關係）和《人性的優點》這兩本世界級的暢銷書最為知名。前者探討如何建立良好的人際關係，後者則是關於人生整體煩惱的應對方式。《人性的優點》堪稱自我啟發書的源流之作，透過具體事例，介紹古今中外的偉人與平凡人是如何面對煩惱的。

總結卡內基針對煩惱所提出的解決方法，大致如下：

❶與其不斷憂慮，不如專注於工作、興趣或家務，使自己忙碌起來。

❷與其期待他人為自己做些什麼，不如主動為他人付出，從中獲得喜悅。

❸與其思考陰暗面而陷入悲觀，不如看到事情光明的一面，保持樂觀。

❹與其憂慮昨日與明日，不如全心活在今日，追求充實感。

❺與其抱怨自己的處境，不如懷抱感恩之心，珍惜自己所擁有的一切。

衷心期盼本書的建言能為您在人生旅途中帶來積極正向的力量。

最後，謹此向提出這項極具意義企劃的 Discover 21 出版社編輯局長藤田浩芳先生致以深深的謝意，並借此機會表達誠摯的感激之情。

編譯者

超譯卡內基 2：

克服憂慮、開拓人生的 178 則箴言
超訳 カーネギー 道は開ける

原著　戴爾・卡內基
編譯　弓場隆
中譯　江永奕
執行編輯　顏好安
行銷企劃　劉妍伶
封面設計　陳文德
版面構成　賴姵伶
發行人　王榮文
出版發行　遠流出版事業股份有限公司
地址　臺北市中山北路一段 11 號 13 樓
客服電話　02-2571-0297
傳真　02-2571-0197
郵撥　0189456-1
著作權顧問　蕭雄淋律師
2025 年 6 月 1 日　初版一刷
定價新台幣 350 元

ISBN　978-626-418-181-5
遠流博識網 http://www.ylib.com E-mail: ylib@ylib.com
（如有缺頁或破損，請寄回更換）

國家圖書館出版品預行編目 (CIP) 資料

超譯卡內基 . 2, 人性的優點 : 克服憂慮、開拓人生的 178 則箴言 / 戴爾 . 卡內基著 ; 弓場隆編譯 ;
江永奕中譯 . -- 初版 . -- 臺北市 : 遠流出版事業股份有限公司 , 2025.06
面 ;　公分
譯自 : 超訳 カーネギー 道は開ける
ISBN 978-626-418-181-5(平裝)
1.CST: 成功法 2.CST: 憂慮 3.CST: 人生哲學
177.2　　114005210